Über dieses Buch Jewgeni Samjatin gehört aufgrund seiner berühmten Antiutopie *Wir*, die u. a. George Orwell und Aldous Huxley beeinflußte, zu den berühmtesten russischen Autoren des zwanzigsten Jahrhunderts. Leider kennt man im Westen bisher nur wenig von seinem umfangreichen Werk. Nun soll dem deutschen Leser in zwei Bänden *(Die Höhle* und *Der Norden)* eine Auswahl der Kurzprosa in Erst- bzw. Neuübersetzung der Samjatin-Kennerin Gabriele Leech-Anspach vorgestellt werden.
In diesem ersten Band finden sich neben den berühmten nachrevolutionären Erzählungen »Die Höhle« und »Mamai« einige der skurrilen »Märchen für große Kinder« sowie Texte, die um das alte Rußland kreisen. Aufgenommen sind außerdem die literarischen Manifeste Samjatins sowie der »Offene Brief an Stalin«, in dem der Autor 1931 um die Genehmigung zur Ausreise bat.
Samjatin gehört zu den großen Stilisten der russischen Literatur des zwanzigsten Jahrhunderts, er ist neben Remisow, Babel, Pilnjak und Mandelstam einer ihrer großen Erneuerer. Sein Einfluß als Erfinder des »Neorealismus«, eines ornamentalen Stils, der Elemente des Grotesken und des Surrealismus mitaufnimmt, ist bis in die Gegenwart, beispielsweise im Werk Andrei Sinjawskis, spürbar.

Der Autor Jewgeni Samjatin (1884–1937) studierte in St. Petersburg, wo er 1908 seine Ausbildung als Schiffsbauingenieur abschloß. Nach der Revolution war er ausschließlich als Schriftsteller tätig, distanzierte sich aber immer mehr von den Bolschewiki, denen er bereits während seiner Studienjahre nahegestanden hatte. Ab 1913 erschienen Erzählungen; 1924 dann sein berühmtestes Werk *Wir*. Samjatin gilt als Erfinder des »Neorealismus«, den er folgendermaßen charakterisierte: »Der Realismus, der nicht primitiv sein will – nicht realia, sondern realiora wiedergibt –, liegt in der Verschiebung, in der Entstellung, in der Krümmung, in der Nichtobjektivität.« 1931 emigrierte er nach Paris.

Jewgeni Samjatin

Die Höhle

Kleine Prosa 1
Herausgegeben und
aus dem Russischen übersetzt
von Gabriele Leech-Anspach

Fischer Taschenbuch Verlag

Veröffentlicht im Fischer Taschenbuch Verlag GmbH
Frankfurt am Main, November 1989
Die Texte dieses Bandes sind mit freundlicher Genehmigung des Buchverlags Ullstein/Langen-Müller, München, den im Limes Verlag, Wiesbaden, erschienenen Werken »Rußland ist groß« und »Morgen« entnommen.

Umschlaggestaltung: Buchholz/Hinsch/Hensinger
unter Verwendung eines Gemäldes von
Boris Michailowitsch Kustodijew
›Bolschewik‹, 1920 (Ausschnitt)
Satz: Fotosatz Otto Gutfreund, Darmstadt
Druck und Bindung: Clausen & Bosse, Leck
Printed in Germany
ISBN 3-596-29296-4

Inhalt

Erzählungen und satirische Schriften

Märchen für große Kinder

Essays

Erzählungen
und satirische Schriften

Das Zeichen

1

Ein See, tiefes, blaues Wasser. Und dicht am Wasser, auf smaragdgrünem Moos eine strahlendweiße Stadt mit Zinnen, Türmen, goldenen Kreuzen, und im Wasser noch eine zweite, auf den Kopf gestellte, kleinere Märchenstadt, weißgolden auf smaragdgrünem Grund: das Larinow-Einödskloster. Die Glocke in der Märchenstadt singt, doch die Glocke in der grünen Abgeschiedenheit des Klosters tönt mit langem, verhaltenem, tiefem Ton. Und es ist so gut, fern von der Welt still dahinzuleben, hingegeben an den grünen Abgrund: die Bäcker im weißen Keller kneten eifrig den Teig für die Brote; die Laienbrüder melken abends geduldig die Kühe; der Pförtner, der greise Arsjuscha, sammelt die Gaben am gußeisernen Tor; bei den Vespern, den Matuten, den Mitternachtsgottesdiensten kasteit man sich mit Fasten; dem Beichtvater gesteht man seine törichten Sünden, um dann mit allen gemeinsam das herrliche Osterfest zu feiern.

So lebten die Mönche ruhig dahin, bis in dem Einödskloster der Bruder Seliwerst erschien. An einem Frühlingsabend, um Pfingsten, erschien er schweratmend vor dem Tor. Sein Gesicht glühte; seine Finger nestelten unruhig an der Kleidung herum, zupften, waren in ständiger Bewegung.

Am gußeisernen Tor verbeugte sich der Pförtner, der greise, hellsichtige Arsjuscha, tief vor Seliwerst.

»Was führt dich zu uns, Bruder, kommst du in Frieden?«

Auf seinen Stab gestützt wartete der greise Arsjuscha lange auf Antwort. Zottig, gebeugt, glich er fast einem kleinen Tier: das Tier stand freundlich auf seinen Hinterbeinen, leicht geduckt, gleich wird es auf seine Vorderbeine fallen und vor den unruhigen Menschen in den Wald fliehen.

Der Greis wartete die Antwort nicht ab, ließ Seliwerst ein und sah ihm, das zottige Haupt schüttelnd, voll Sorge nach.
»Denke daran, Bruder, in der Karwoche singt man: Ungestillte Seele.«
Das gußeiserne Tor klirrte, vor Seliwerst tat sich ein grüner Abgrund auf: fällt in ihn ein Stein, so laufen die Kreise von einem Ufer zum anderen.
Man feierte gerade die Mitternachtsmesse, einen bescheidenen Wochentagsgottesdienst. Nur wenige Kerzen brannten, sie glichen den Rispen der Farne in der Johannisnacht; in der dunklen Kuppel hallte das Halleluja. Durch den hohen Raum, vorbei an den dämmrigen Fenstern, flogen Schwalben mit schrillem Schrei. Und dort, nur ein weniges höher als die Schwalben, dort war Gott.
Da erschien ein hochgewachsener, unbekannter Mönch, er blieb im Hintergrund vor der »Herrin der Himmelsweite« stehen. Es war eine alte, durch ein Wunder entstandene Ikone: unwirklich große Augen und ein blauer Schutzmantel über der Erde wie eine Veste: die Herrin der Himmelsweite.[1]
Der Mönch betete sonderbar: seine Lippen, seine Brauen, seine Hände waren zusammengepreßt, er bohrte sich, Auge in Auge, in das leuchtende Antlitz. Die Mönchskappen wurden unruhig, gerieten in Bewegung, sahen sich nach dem Neugekommenen um.
Der greise Arsjuscha ertrug es nicht länger: man mußte der hochheiligen Reinen helfen, mit ganzem Herzen liebte er die »Herrin der Himmelsweite«. Der Greis ließ sich auf alle viere fallen, verneigte sich bis zur Erde. Dann richtete er sich auf, hinkte gebeugt auf seinen Stock gestützt über die Steinplatten hin zu Seliwerst und sagte ihm leise:
»Wie betest du denn, Bruder? Willst du die hochheilige Reine mit den Augen durchbohren?«
Seliwerst drehte sich nicht um, blickte unverwandt auf die »Herrin der Himmelsweite«, vielleicht hörte er den Greis nicht einmal. Der Alte wartete und wartete, wurde immer kleiner, wesenloser, auf den Stock gestützt, schlurfte er schließlich aus der Kirche.

Nach der Mitternachtsmesse war überall Flüstern zu hören, die dienenden Brüder schlüpften heimlich von Zelle zu Zelle, wisperten mit Warnawa, dem Zellendiener des Abtes: wer war wohl dieser Neue, und woher kam er?
Warnawa war im ganzen Kloster wegen seiner Locken berühmt: jede Nacht befeuchtete er sie, um sie zu kräuseln, mit starkem Tee. Sollte auch er nichts wissen? Aber auch Warnawa konnte nur weniges sagen:
»Er heißt Seliwerst. Gehört, scheint's, zu den Gebildeten. Aber woher er kommt, weiß man nicht. Er hat vom Vater Abt die alte Zelle des Simeon erbeten.«
Die Zelle des Simeon befand sich im Eckturm, im Keller. In dieser Zelle lebte einst der Gottesnarr Simeon, genannt der Unreine. Neben seinem Lager aus Stein waren Ketten in die Wand eingelassen: mit den Ketten an das Lager gefesselt, hatte er sich den Ratten lebendig zum Fraß dargeboten.
In der Zelle gab es nur dämmriges Licht, die Luft war dumpfig. Ziemlich niedrig, unmittelbar über dem See, hatte sie ein kleines Fenster, die Gitterkreuze davor schlossen die Zelle vor der Welt ab. In der Welt zog die Sonne ihre Bahn, aber in die Zelle fiel nur der Schatten des Gitters: er kroch über den Fußboden, vom Fußboden hinauf zur Tür, verdämmerte im dunklen Deckengewölbe. In Scharen krochen aus allen Winkeln Simeons graue Ratten, huschten schabend mit den scharfen Krallen über das Gestein.
Rettung vor ihnen gab es nur im heiligen Winkel, im Schein des ewigen Lichts, Seliwerst brannte es die ganze Nacht.
Er verließ die Zelle nur zum Gottesdienst. Speise brachte ihm der Küchenbruder. Seliwerst nahm nichts Gekochtes zu sich, Wasser nur einmal am Tag, und das mußte lau sein. Sehr bald waren Seliwersts Gesicht und Hände bleich, so bleich wie ein Gemüseschößling, der im Keller gezogen wird. Wortlos erwiderte er den Gruß der ihm begegnenden Brüder und eilte, die Kutte fest um sich raffend, so schnell er konnte, zurück in seine Zelle. Lange blickte man ihm nach, zwinkerte sich vielsagend mit den Augen zu.

Am Abend, wenn die Gebetsübungen beendet waren und der greise Arsjuscha das schmiedeeiserne Tor geschlossen hatte, zerstreute sich die Bruderschaft. Die jüngeren Novizen, die erst ein Jahr im Kloster waren, stiegen auf die mit Zinnen besetzte Mauer, setzten sich auf die mit Winden umwachsenen Ziegel und hofften ein wenig: vielleicht würde da unten jemand von den Weltlichen vorbeikommen oder vorbeifahren, vielleicht wäre auch eine Gelegenheit, ein Wort mit einem verspäteten jungen Frauchen im kurzen, weißen Pelz zu wechseln und sich in allen Ehren an das Lachen in der Welt zu erinnern. Die alten Mönche aber, die längst das Gelübde abgelegt hatten, gingen an den See, um da zu ruhen. Sanft schwankte im Wasser die weißgoldene Stadt; Sterne erschienen am hohen Himmel – und unten in der Tiefe still leuchtende Kerzen. Es war, als läuteten sanfte Glocken durch die grüne Tiefe, als dränge aus der Tiefe frommer Gesang.
Doch ein rotes Auge flimmerte, den Wasserfrieden störend, durch ein vergittertes Fenster: die Lampe Seliwersts. Und aus dem Turm des Simeon war, von den Wänden gedämpft, eine Stimme zu hören: eindringlich, beharrlich, vermessen flehte Seliwerst etwas zu sich herab.

2

Wenn der Abt Wedenei allein in seinem kleinen Zimmer war, trug er einen einfachen Ornat: eine Soutane mit einem breiten Gürtel, der mit bunten Perlen besetzt war. Sein Bart hing ihm von den Augen tief herab, er war grau und hatte einen grünlichen Schimmer: er erinnerte an den Wasserkönig. Wedenei ging auf und ab, strich seinen Bart und dachte wie ein Hausvater über sein Königreich nach.
Wedenei wußte nur zu gut: unter dem grünen Klang der Einödsglocken lebten seine Leutchen faul dahin; es gab unter ihnen welche, die Wein tranken, andere, die unnötig viel redeten. Das Wichtigste aber war, in keinem von ihnen brannte seelisches Feuer, das Kloster war nicht mehr von Geist erfüllt.

Der greise Arsjuscha? Auch er war schon schwach geworden wie eine morsche Eiche: bei der leisesten Berührung konnte sie zusammenbrechen.
Von seinem erhöhten Platz in der Kirche bemerkte der Abt mit seinem scharfen Blick Seliwerst:
»Das ist kein einfacher Mönch, der da betet, könnte er der Erhoffte sein?«
Frühling, Sommer, der weiße Winter: noch immer betete Seliwerst in der gleichen Weise, lebte noch immer abgeschlossen im Rattenturm des Simeon, aß nichts Gekochtes. Aber die Einsiedelei hatte keinen Nutzen davon, im Gegenteil: im ganzen Kloster hatten sich Unruhe und Streit erhoben. Da gingen die alten Mönche zum Abt, um sich zu beklagen: lasterhaft, herausfordernd betet dieser Neue. Man sollte ihm nicht erlauben, in der Zelle des Gottesnarren Simeon zu bleiben.
Der Abt sandte nach Seliwerst.
Draußen herrschte frostiges, sonniges Wetter, aber das kleine Zimmer des Wedenei war angenehm warm geheizt. Leise klopfend dehnten sich die Wände aus. Die Hände in den Gürtel gesteckt, ging der Abt schweigend auf und ab. Dann nahm er Seliwerst bei der Hand und führte ihn vor ein Bild.
»Sieh gut hin und entdecke dich selbst.«
Auf dem Bild war die Unzucht als Schlange dargestellt: eine Schlange, grün wie Jaspis, hundertköpfig; mit einem ihrer Häupter saugte sie an den Brustwarzen einer Frau, mit einem anderen an ihrem schönen Bauch, mit wieder anderen an den Händen und Augen von Sündern, die an der Schlange klebten wie Fliegen. Unter anderen sah Seliwerst einen hageren Sünder mit herausstehenden Rippen und weitgeöffnetem Mund. Die Schlange spie ihm einen Feuerstrom in den Mund, doch der Hagere öffnete ihn nur immer weiter, unaufhörlich Feuer verschlingend, darunter stand geschrieben: »Die unersättliche Begierde«.
Leise, wie zu sich selbst, sagte Seliwerst:
»Das bin ich, Vater, der so vor Begierde brennt. Feuer verzehrt mich. Ich brenne nach dem Unmöglichen: ich brenne um ein

Zeichen, damit ich glauben kann, ich fordere ein Zeichen...«
Wedenei trat näher an ihn heran. Ohne ein Wort legte er Seliwerst die Hände auf den Kopf.
»Du mein armer, lieber Sohn.«
Er schwieg eine kurze Weile. Doch dann wurde er wieder zu dem Abt, dem sorgenden, strengen Hausvater. Als Vorgesetzter redete er mit Seliwerst kurz angebunden über sein unmäßiges Fordern, über die gestörte Stille, die Verführung der Jüngeren, drohte schließlich, ihn auf die Meierei zum Kühehüten zu schicken.
Doch da bemerkte der Abt: Seliwerst war abwesend, hörte gar nicht zu. Von da an ließ er ihn unbeachtet, und alles ging seinen Gang.
Weiße Felder, weiße Wände und Türme: auf dem Schnee scheint das Einödskloster selbst aus Schnee, wie goldene Schwalben kreisen die Kreuze im hohen Raum, und über allem das blaue Gewand der »Herrin der Himmelsweite«.
Von Tag zu Tag wird ihr Gewand blauer, und blauer wird auf dem Schnee der Schatten des Turms des Simeon, heller tschirpen die Spatzen auf den Kirchendächern. Gebeugt schlurft der greise Arsjuscha um sein Tor, sieht auf die kleinen Rinnsale: wird vielleicht eins vom Mist gehemmt? – er stochert den Mist mit seinem Stab beiseite.
»Siehst du, Bruder, nun kannst du wieder fließen« – lächelnd sieht ihm der Zottige nach.
Mit den ersten schönen Tagen erschienen Pilger am See, um den Segen des Klosters zu empfangen. Auf dem Vorplatz der Kirche legten sie Schnappsäcke mit Brot und Zwiebeln hin. Sie ruhten unter den kühlen Bögen der Türme, unter den gedämpften Tönen der Glocke, die aus dem grünen Wasser heraufklang. Sie besuchten die Höhle des Einsiedlers Lariwon, der dort ganz im Verborgenen die letzte Ruhe fand. Sie setzten sich die abgeschabte Mönchskappe des Lariwon auf, um klug zu werden, nahmen seine bemalte, angeschlagene Tasse an den Mund, damit sie kein Zahnweh bekämen.

»Unser Väterchen trank aus einer wie wir«, sagten sie gerührt, wenn sie die Tasse betrachteten.
Auf dem Nachhauseweg blieben sie gewöhnlich am gußeisernen Tor bei dem greisen Arsjuscha stehen, um den Segen zu erhalten und damit der Hellsichtige jedem ein weises Wort sagte. Aber Arsjuscha war krank. Wie ein müdes, kleines Tier stand er auf den Hinterbeinen: gleich würde er auf die Vorderbeine fallen. Er gab den Pilgern nur einen allgemeinen Segen und kroch zurück in seinen winzigen Verschlag.
Sie gingen ungesättigt, ungetröstet nach Hause.
»Arsjuscha ist alt geworden, greisenhaft, er hat nicht mehr die frühere Kraft.«
Doch sie brauchten Aufmunterung, Tröstung in ihrem bitteren Leben, eine Zuversicht für böse Tage.
Ganz wie von selbst ergab es sich: die Pilger begannen ihre Hoffnung auf Seliwerst zu setzen. Von den Brüdern hatten sie gehört, ein Mönch, und zwar kein gewöhnlicher, sei in den Rattenturm des Simeon eingezogen; er esse nichts Gekochtes.
»Er spricht mit niemandem von uns, wie sollte er auch mit uns Sündern sprechen...«, erzählten andere und lächelten vielsagend.
Was das für ein Lächeln war, begriffen die Pilger in ihrer Einfalt nicht, sie hörten nur: er ißt nichts Gekochtes, er lebt im Rattenturm. Bei den Gottesdiensten sahen sie selbst: der Mönch blickte unverwandt auf die »Herrin der Himmelsweite«, und sein Gesicht war von unirdischer Blässe.
Bereits am tauigen, rosigen Morgen standen die Pilger am Turm des Simeon – in der Morgendämmerung waren die Mauern rosig angehaucht – und warteten: würde Seliwerst zur Morgenmesse gehen?
»Verwehre es uns nicht, Vater, gib uns auf den Weg deinen Segen. Und segne noch einmal: ich habe zu Hause einen kranken Sohn, ich will ihm den Segen überbringen.«
Seliwersts Finger zitterten, hastig schlug er seine Kutte um sich, ungeschickt und scheu segnete er sie.
»Ach, wie soll ich... ich bin doch nur... Nun, Gott segnet!«

Allmählich gewöhnte er sich. Sein Segnen wurde sicherer, er sah den Pilgern ohne Scheu in die Augen. Und in diesen Augen war etwas Starkes, Zwingendes, wie eine Meereswoge strömte es auf ihn zu, trug ihn empor, und er wußte sicher: das Unmögliche würde möglich sein; er fühlte, schon war es ganz nah. Er fürchtete nichts mehr.

3

In diesem Jahr versammelte sich zum Gedächtnis des Lariwon eine unübersehbare Menge von Pilgern: es hatte sich in der ganzen Umgebung herumgesprochen, in dem Einödskloster sei ein neuer Beter und Beschützer erschienen, der schon vielen geholfen habe. Innerhalb der weißen Klosterwände fanden längst nicht alle Unterkunft, alles war überfüllt, schon am Sonnabend krochen die Pilger aus dem Tor zum See und wimmelten wie Ameisen auf dem smaragdgrünen Moos. Nah unter den weißen Zinnen war wie eine bunte Wiese ein Jahrmarkt erblüht: Zelte aus grober Leinwand, große Buden oder auch einfach nur Wagen mit Waren: mit Kämmen, Lebkuchen, roten Klötzen für Holzschnitzereien. Und über allem ein gleichmäßiges Stimmengewirr, ein Summen und Brausen: eine riesige Weberin, einen Kopf größer als die alten Fichten, webte und webte, und ihr Gespinst lief in weite Ferne, ihr Webstuhl knarrte. Erst als man zur Mittagsmesse an das Holzbrett schlug, schlummerte die Weberin ein wenig ein, der Jahrmarkt wurde leer, das Volk drängte zum Gottesdienst.
Heute wurde der Gottesdienst in der alten Kirche gefeiert; dort hatte noch der Vater Lariwon gebetet – sie war aus Holz und ähnelte dem Greis Arsjuscha: sie war freundlich, wacklig, zur Erde geneigt, die schiefen Balken moosüberwachsen.
In der alten Kirche stand die Menge beengt, Kopf an Kopf. Das Licht konnte nicht atmen, die Kerzen brannten nur trübe. Eine Epileptikerin stöhnte und schrie. Kinder und Frauen wurden ohnmächtig. Eine Frau im gelben Tuch wurde aus der Kirche getragen: sie schien sehr schwer zu sein, man brauchte

dazu alle Kraft. Man zog sie nach draußen, aber auch dort wurde ihr nicht besser: Staub und Sand wirbelten durch die Luft und trockneten den Mund aus; doch bis zu einem Brunnen war es noch weit.

Wie ein kleines Sandkorn hatte es Seliwerst vom Morgen an emporgewirbelt und trug ihn näher und näher, alles verschwamm, er hörte nichts, er sah nichts, einzig die übergroßen, ewigen Augen, die das Leid von tausend Augen in sich bargen, waren vor ihm.

Er nahm nicht wahr, wie er den langen Mittagsgottesdienst durchstand, wie es ihn mit der Menge wieder nach draußen trug. Auf dem Vorplatz der Kirche, wie immer, Gedränge mit Umhängebechern, Tellern, Töpfen. Seliwerst wurde daran vorbeigezogen, ergeben folgte er dem Sog, trieb weiter irgendwohin, über bunte Tücher, schwarze, flachsblonde, rote, zerzauste Köpfe dahin.

Nicht weit vom Turm des Simeon wartete die Menge erstarrt, trat auseinander – und Seliwerst war allein. Auf der Wiese stand eine Bahre, auf ihr lag ein wachsbleiches Gesicht mit einem weißen Kopftuch. Daneben stützten zwei Helfer einen Menschen mit einem nach hinten hängenden Kopf. Stille, Hunderte von Augen waren auf ihn, auf Seliwerst, gerichtet.

Seliwerst verstand. Es schüttelte ihn. Sich zu dem weißen Kopftuch hinunterbeugen, die Hände auflegen...

»Sollte es plötzlich wahr sein?«

Die Stille wurde unerträglich. Seliwerst überkam ein Zittern, daß er nicht einmal die Finger zum Segen zusammenlegen konnte. Er winkte nur mit der Hand, und, die Kutte zusammenraffend und sich dabei in die Rocksäume verwickelnd, strebte er seiner Zelle zu.

Die Menge war auseinandergetreten, aber dann schloß sie sich wieder zusammen und drängte ihm mit Stöhnen nach. Den mit dem zurückhängenden Kopf stützte man mit den Armen, die Kirchenfahne knatterte im Wind, Staub wirbelte auf – und ein immer wilderes Schreien:

»Vater! Beschützer! Hilf! Wir wissen es doch.«
Der Mund wurde ihnen trocken, sie dürsteten, beteten. Aber die eisenbeschlagene Tür mit dem rostigen Ring, die in den Turm des Simeon führte, öffnete sich nicht auf ihr Klopfen.
So zog die Menge zu den Gemächern des Abts Wedenei; wie ein Meer brauste sie unter seinen Fenstern, schäumte hoch auf zu dem stillen Raum. Wedenei trat auf den Altan heraus, so wie er gerade war, in seiner Haustracht, dem kurzen Rock mit dem bestickten Gürtel. Wedenei sprach zu der Menge, aber im Wind wurde sein grauer Bart zerzaust, seine beruhigenden, einfachen Worte verwehten, die Menge konnte ihn nicht hören, jemand verstand nur das eine:
»Wartet...«
Alle griffen es auf. Von Mund zu Mund lief: wartet. Sie glaubten, wurden still und warteten. Und das ganze Kloster wartete. Man zog sich in die Zellen zurück. Die Novizen schlüpften von Tür zu Tür. Sie flüsterten untereinander mit vielsagendem Lächeln, aber in ihren Herzen nagte die Sorge: wenn plötzlich wirklich...? Wie würde man dann hier leben? Das Zimmer wurde Wedenei zu eng, so heftig schritt er hin und her.
Gegen Abend kroch aus seinem Verschlag der greise Arsjuscha – winzig klein, nur eine Elle hoch; gebeugt schlurfte er mit seinem Stock zur alten Kirche des Lariwon. Er ließ sich auf alle viere nieder: verbeugte sich bis zur Erde vor der alten Kirche. Dann trat er vor aller Augen dicht an sie heran, nahm seine Kappe ab, bedeckte die bemoosten, dunklen Balken mit Küssen, verbeugte sich noch einmal tief – und hinkte zurück zu seinem Verschlag am schmiedeeisernen Tor. Alle sahen: der greise Arsjuscha weinte, schluchzte schnüffelnd, rieb sich wie ein Kind mit der Faust die Augen.
Beklommenheit breitete sich im Kloster aus, Arsjuscha hatte alle beunruhigt.
»Warum weinte der Alte? Was hatte dies Zeichen zu bedeuten?«
Man drängte ans Tor zu dem Greis. Arsjuscha stand an seinem

Verschlag und schwenkte ein kleines Beutelchen aus altem Brokat hin und her: ein Beutelchen an einer langen Schnur, in dem Beutel befand sich ein kupfernes Glöckchen, das kläglich wimmerte. Der greise Arsjuscha weinte und fragte alle: »Rechtgläubige, wer wird mit mir morgen in Jerusalem sein? Lebt wohl, Rechtgläubige, wer wird mit mir gehen?«
Niemand verstand den Alten. Verwirrt kehrten die Pilger zum Lager am See zurück. Über dem See brannte die Abenddämmerung in wildem Fieber. Der Wind wirbelte Sand und Staub auf; fern auf dem Weg hatten sich dunkle Wanderer erhoben, die mit dem Kopf bis zum Himmel reichten, sie kamen langsam auf das Kloster zu. Ein Augenblick – dann waren sie verschwunden, und nur der vom Wind leergefegte Himmel war noch zu sehen.

4

Es dunkelte. Auf der Wiese leuchteten Holzfeuer auf. Eine Flamme wehte und schwankte hin und her. Irgendwo erhellt sie in ihrem Feuerkreis eine Hand mit einem Löffel über einem Kessel, irgendwo einen struppigen Kopf und zusammengepreßte Lippen – mit aller Kraft blasen sie die Kohlen an; irgendwo anders ein Wagenrad, an das Rad ist ein Hund gebunden.
Der Glockenturm teilte die Zeit in lange, kupferne Bänder – die Stunden. Alle seufzten unruhig, erhoben ihre Köpfe von den Schlafsäcken, flüsterten. Die ganze Nacht flimmerte das rote Auge der Lampe über dem See. Auch der greise Arsjuscha schlief nicht: ruhelos, wie ein Tier, das Gefahr wittert, schlurfte er zwischen den weißen Wänden umher, schüttelte den zottigen Kopf und schluchzte.
Allein Arsjuscha sah, wie es anfing: plötzlich erleuchtete sich der Heuschober, wurde immer heller, dann stand er völlig in Flammen.
Im Nu war ein seltsamer, roter Tag angebrochen, als sei es der Tag des Jüngsten Gerichts. Fensterrahmen zeichneten sich

scharf ab, feurige Tauben flogen über den Dächern, der Bart Wedeneis schimmerte rot, so auch jemandes nach hinten hängender Kopf. Gesichter mit roten Pupillen rannten vorüber, alles lief durcheinander, tauchte auf und verschwamm wie ein Traum.

»Brüder, zum See. Eine Kette, macht eine Kette!«

Die Eimer schepperten in der Kette, aber kann man den Wind löschen? Er stürmte, heulte, säte feurigen Samen. Sekundenlang blühten gierige, heiße Blumen auf und fielen wieder zurück in das Dunkel. Doch schnelle Teufelchen machten sich schon am nächsten Gebäude zu schaffen, ihre rosigen, spitzen Zungen flammten und zischten.

»Guter Gott, das Feuer kriecht zur Kirche! Gleich wird sie brennen!«

»Die Kirche... Lariwons Kirche!«

Wie der greise Arsjuscha verhielt sich die Kirche, wartete still, demütig; ihre Fenster blinkten schon im Feuer. Der Wind trieb die Flammen den baufälligen, hölzernen Wänden entgegen. Schon konnte man in der Nähe nicht mehr stehen, gleich würde sie...

Jemand schrie mit heiserer, verzweifelter Stimme:

»Seliwerst, wir müssen zu Seliwerst! Wo ist er?«

Seliwerst war mitten unter der Menge. Wie damals nach der Mittagsmesse teilte sich das Gedränge – ein rotes Meer – und Seliwerst stand allein. Stille, Tausende von Augen waren begierig wartend auf ihn gerichtet.

»Die Eimer... Nehmt die Eimer... Brüder...«, schrie der Abt Wedenei mit schwächer werdender Stimme. Aber nicht eine Hand erhob sich, nicht ein Eimer klirrte.

Da ertönte Seliwersts Stimme. Ohne sich umzuwenden, sagte er vernehmlich und fest:

»Gebt mir die Ikone.«

Mit der »Herrin der Himmelsweite« in den Händen trat er nach vorn, lehnte sich mit dem Rücken gegen das alte Kirchlein, gegen die feurig-zischende Wand. Der Wind brannte ihm sengend ins Gesicht.

Zum letzten Mal blickte Seliwerst um sich: er war rings von Augen umgeben. Aus diesen Augen schöpfte er Kraft. Eine gewaltige Welle flutete auf ihn zu, von den Herzen in seine Hände. In der furchtbaren Stille, in äußerster Spannung, erschauernd vor unerträglicher Kraft, hob er langsam die Ikone über das Feuer nach oben, dann senkte er sie nach unten, bewegte sie nach links und nach rechts.
Da zeigte es sich: ebenso langsam neigte sich die rote Feuerzunge vor ihm nach oben, nach unten, nach links und nach rechts, sank knisternd zusammen, qualmte.
Die Haare standen Seliwerst zu Berge. Er lauschte nach hinten: vielleicht würde man die Kirche retten können, vielleicht würde man sagen, daß...
Da hörte er hinter sich ein hundertstimmiges Brausen, seinen Namen, Schluchzen und Schreie.

5

Mit Mühe gelangte er zu seiner Zelle, schloß den Riegel und fiel, wie er war, in der Soutane und mit der Kappe nieder auf das kalte Lager des Gottesnarren Simeon. Das ewige Licht in der Lampe erlosch. Die Zelle war dunkel, schon huschten die Ratten kratzend über die Steine. In ihm war Leere, unbeschreibliche Müdigkeit.
Mit einer Hand geriet er an die Eisen des Simeon. Er zwängte die Hand in den Eisenring mit der ganzen Schwere seines Körpers – und konnte sie nicht wieder herausziehen. Sie befand sich, Gott weiß, in welcher Ferne, war riesig groß, ein unförmiges Ding; es war nicht möglich, sich mit ihr auch nur zu rühren.
Seliwerst fühlte: auch er war riesig groß, er füllte die ganze Welt aus. Doch gleichzeitig war er ameisenklein: er sah sich aus der Ferne wie durch ein umgedrehtes Fernrohr – sich selbst und ein winziges Fenster und hinter dem vergitterten Fenster eine winzige Morgenröte.

Aber dann erblickte er sich als ein anderes Selbst, sah eine andere Morgenröte. Die Muster eines Balkongitters hoben sich von rosigem Glanz ab, und zwischen dem Gitter und der Morgenröte ragten schwarze Fichtenhauben empor, und dort auf einem Teppich war sie – sie selbst – sie, die Einzige. Da vollzog sich an ihm zum erstenmal in seinem Leben das größte Wunder: und schon wurde wieder alles dunkel und leer. Jetzt leise aufstehen, um sie nicht zu wecken, und sich vom Balkon hinabstürzen zwischen die schwarzen, mönchischen Fichten...

Immer heller wird das winzige Fenster, und schon ganz nah, huschen die Ratten mit spitzen Krallen um das Steinlager. Seliwerst bewegte seine Hände, groß wie Berge, erhob sich und ging dem glänzenden Licht entgegen, legte den Kopf auf die steinerne Brüstung. Die Morgenröte verglühte. Der Himmel war leergefegt vom Wind, blau und von schrecklicher Öde.

Eine Frühmesse fand an diesem Morgen nicht statt. Jeder begab sich, wohin er wollte: manche legten sich auf den Vorplatz der Kirche, um ein wenig zu schlafen, andere schlenderten zum See. Er war klar, hell, und wie auf einer ausgebreiteten Hand sah man weiße Mauern in der grünen Tiefe.

Später erzählte man – viele behaupteten, daß sie es selbst gesehen hätten: als die Morgenröte verglüht war, sei ein hochgewachsener Mönch aus dem Kloster getreten und mit schnellen Schritten geradewegs zum See gegangen. Das Wasser habe sich vor ihm geteilt, deutlich sei leises Läuten in der Tiefe zu hören gewesen. Ein zottiges Wesen, vom schmiedeeisernen Tor kommend – es mochte ein Tier sein oder ein Mensch –, sei dem hochgewachsenen Mönch gefolgt und hinter ihm in das Wasser geschlüpft. Unter den Brüdern ging jedoch das Gerücht, man habe im Turm des Simeon einen von Ratten zerbissenen Körper gefunden und daher sei der Eingang zum Turm des Gottesnarren fest vermauert worden.

Wie es auch gewesen sein mag, nach dem Brand im Einödskloster des Lariwon blieb Seliwerst verschwunden und mit ihm der hellsichtige Greis Arsjuscha. Doch noch immer schwankt im Wasser sanft die weißgoldene Stadt auf smaragdgrünem Grund, und am Abendhimmel schießen die Schwalben mit schrillem Schrei wie Pfeile durch den hohen Raum.

1918

1 Eine Ikone der Gottesmutter mit dem Namen »Herrin der Himmelsweite« ist nicht bekannt. Samjatin hat sie offensichtlich erfunden.

Die Helferin der Sünder

Undurchdringliches, tiefes Dunkel: eine Talsenke; in der Talsenke ein Wald. Aus dem Dunkel ragen hoch über dem Kopf weiße Klosterwände mit Zinnen, über den Zinnen leuchten Sterne. Und man hört: dort an der Klostermauer schlägt der Klosterwächter gegen sein Brett.

Dieser Wächter hat den Schlüssel zum Klostertor: Sikidin hat es von Dunjaschka, der Hostienbäckerin, zuverlässig erfahren. Wenn man nur irgendwie diesen Schlüssel... nachts würde man auf ruhige und anständige Art mit dem Wächter fertig werden. Am Tag, wenn es Aufregung und Geschrei gibt, wird es sich kaum machen lassen.

Nach hinten, in das Dunkel gewandt, sagt Sikidin streng:

»Daß ihr mir nicht unnötig physisch schlagt oder euch wie die Dummköpfe benehmt! Alles entsprechend der Anordnung...«

An dem Flüstern kann man hören: Sikidins Augenbrauen sind gerunzelt, ihn selbst kann man nicht sehen. Nur die Zähne sind im Dunkel erkennbar.

Während man im Dorf auf der Versammlung hin und her redete, das Verdikt schriftlich festlegte, geriet der Soldat Sikidin ins Hintertreffen, der Sprecher des Dorfes wurde Sinowi Lukitsch, der schön zu reden verstand. Jetzt aber, da es zur Tat kam, wurde ganz von selbst Sikidin zum Anführer, und Sinowi Lukitsch ordnete sich ihm unter – über den alten Onissim ist nichts weiter zu sagen: bei jedem Wort Sikidins rundet er den Mund zu einem O, und seine einzige Antwort ist: »O? – Nun – so«.

Sie klettern nach oben zu den Zinnen. Dort an der Wand brennt ein rotes Holzfeuer, ein roter Hund springt an ihm auf und nieder, bald ist er erleuchtet, bald ist er dunkel, und ein roter Bauer hält seine Knie umfaßt, auf den Knien hat er ein Gewehr.

»O Herr Jesus Christ, Sohn Gottes...« Sinowi Lukitsch läßt seinen gelben, kleinen Kopf zur Seite hängen, so gebeugt, so krank ist er. »Wir kommen zum Mütterchen Äbtissin wegen ein paar Brennhölzerchen... Aber ich sehe, wir sind zu spät gekommen... Schon gut, mein Hündchen! Gott mit dir, mein Hündchen, was hast du, was hast du denn, Hündchen?«

»Platz, Belka, Platz!«

Auf dem Halsband liegt die rote Hand des Wächters. Die Hand hat sechs Finger, der sechste Finger sitzt ganz an der Seite, hartnäckig und fest wie ein Hahnensporn. Im roten Licht werden die gelben, kleinen Hände Sinowi Lukitschs sichtbar, tauchen hier und da auf, flechten um den Wächter, um Belka, ein Spinnennetz, ein ganz dünnes, dem Auge nicht sichtbar.

Sinowi Lukitsch schwatzt von dem Hund eines Generals, von Serafim Sarowski. Ein Hund hatte den Kirchenvorraum beschmutzt, und das Väterchen hatte ihn mit seinem heiligen Stab auf dem Vorplatz zerprügelt. Ja – und in der Einsiedelei des Nil Stolbenski hatte ein Rüde das Abendmahl verschlungen, von dieser Zeit an hat er eine Fresse wie ein Mensch und kann sprechen...

Das Netz ist gesponnen. Der Hahnenkamm bewegt sich nicht. Belka hat ihre Schnauze auf die Vorderpfoten gelegt, ihre Augen sind zugekniffen...

»Ich glaube, ich gehe Brennholz nachlegen...«, Sikidin räkelte sich, stand träge auf. Mißtrauisch, mit gelbem Blick folgte ihm Belka, ebenso mißtrauisch Sinowi Lukitsch.

»Und da sagte dieser selbe Hund: Rechtgläu... Rechtgläubige...«

Sinowi Lukitsch erstarrte vor Schrecken: Heilige Mutter Gottes, Helferin der Sünder, steh uns bei! Er hatte hinter dem Wächter die Zähne Sikidins erblickt.

Da – ein Aufblitzen der Zähne, der Wächter brüllte dumpf wie ein Stier, lag auf dem Rücken mit Sikidins wollenem Schal im Mund.

Belka jaulte, heulte und biß Sikidin in die Hand. Der stieß mit dem Messer zu, rieb es am Gras ab. Belka war still geworden.

Aus der Senke stieg der Mond, bläulich, schmal, als sei er nur von Magermilch genährt. Er stieg, so schnell er konnte, an seinem Fädchen nach oben, preßte, die Untat fliehend, seine Beinchen an das obere Horn.
Damit die Nönnchen nicht erschreckten, damit sie ruhig schlummerten, stellten sie den alten Onissim mit dem Schlegel oben an das Kloster, sanft schlug der Alte an das Brett. In der Talsenke beschäftigten sich die zwei anderen mit dem Wächter.
Sie quälten sich mit dem Unglücklichen ab. Es war eine Not. Er versicherte immer wieder: »Der Schlüssel war am Gürtel. Ihr selbst habt ihn abgerissen, als ihr mich von dort oben hierher geschleppt habt.«
Sie zeigten ihm das Schreiben.
»Sieh hier... ›Und aller Geldbesitz des Klosters der heiligen Gottesmutter, der Helferin der Sünder, wird einstimmig den Bauern des Dorfes Manajenki zur Nutznießung...‹ So steht es im Schreiben! Hast du verstanden? Gib den Schlüssel!«
Der Wächter schweigt. Da beschäftigte sich Sikidin mit ihm – auf seine handgreifliche Weise: er hieb ihm in die Fresse. Das war seine Art zu segnen. Der Wächter schweigt noch immer. Verdammt!
»Weiß der Teufel, vielleicht lügt er doch nicht?« Auf allen vieren kroch Sikidin durch das Gebüsch, um den Schlüssel zu suchen. Aber – suche einer den Wind auf dem Feld!
Erbost kehrte Sikidin zurück. Man komme ihm nur nicht zu nah. Er nimmt sein großes Messer heraus, schneidet sich eine Scheibe vom Brot ab, sieht kauend auf den Wächter: dieser sechsfingrige Teufel! Seinetwegen muß nun alles ... am Tage.
Tiefe Stille, als wäre nichts geschehen. Der alte Onissim schlägt am Klostertor an sein Brett. Nur Belka kläfft nicht. Sikidins Hand ist mit einem Lappen umwickelt: die Spur von Belkas Zähnen.
Plötzlich grinste Sikidin – er hat Belkas Zähne –, sagte dem Wächter:

»Nun, mein Freund, jetzt wirst du statt deiner toten Belka kläffen. Los! Kläff! sage ich.«
Er setzte das Messer an die Wurzel des Hahnensporns. Das Gesicht des Wächters war von Sikidins Rücken verdeckt, man konnte es nicht sehen, nur die über dem Bauch zusammengebundenen Hände, der sechste Finger zuckte immer krampfhafter hin und her.
»Du lügst! Bei mir, Bruder, heißt es jetzt bellen.«
Sikidin drückte das Messer tiefer. Der Wächter schluckte, gluckste, fing an zu bellen. Noch ein Druck – und das Bellen wurde lauter, fast ein echtes Hundegebell.
Sinowi Lukitsch lachte glucksend vor sich hin. Es klang, als ströme Luft aus einer zusammengedrückten Blase. Onissim kam von oben gelaufen mit kindlichen Augen und einem Mund rund wie ein O.
»O – sieh einer an, ihr macht mir Späße! Und ich dachte, daß wirklich einer mit einem Hund...« Er verschluckte sich vor Lachen, seine Augen waren kindlich, arglos. »Nun so, nun so...«
Sikidin hat das Messer weggeworfen. Der Wächter liegt schweigend. Der sechste Hahnenspornfinger bewegt sich kaum noch.
Der Mond beeilt sich, höher zu steigen: er ist fast nicht mehr zu sehen. Die schwarzen Blätter werden grün. Die Morgenröte brennt wie Heuschober in der Trockenheit mit gleichmäßigem Feuer. Es wird ein klarer, schöner Tag werden.
Aber was wird dieser klare, schöne Tag bringen?
Mutter Nafanaila, die Äbtissin, besaß vor langer Zeit ein Häuschen hier im Kreis; darin hatte sie neun Kinder geboren – neun Töchter , alle ähnelten der Mutter, alle waren klein, blauäugig und watschelten wie die Entlein, die auf dem Wasser schwimmen. Ohne Mann zog sie die neun auf, schon waren die älteren heiratsfähig, schon konnte sie auf Enkel hoffen, auf kleine, rosige, fest und frisch wie Pilze. Würde das ein Geschrei, ein Vergnügen geben!
Mädchen müssen kräftig sein, sie nährte sie gut: das verstand

sie meisterhaft. Was für schöne Grützen sie kochte, was für Süßspeisen aus Malz!
»Eßt, Mädchen, ihr müßt Saft und Kraft haben. Unsere Frauenpflichten sind schwer.«
Einmal gab es ein Gericht: Welsfleischgelee mit Eis. In dem Jahr gab es viel Cholera. Alle neun wurden krank – in einer Woche stand das Haus wie leergefegt: sie war allein.
Nafanaila ging ins Kloster, und nun hat sie neunzig Töchter. Sie ist ganz vertrocknet, runzlig-verwittert und klein, aber sie watschelt wie früher umher; ihr Greisinnenmund ist eingefallen, erinnert an einen kleinen Trog, doch die Augen sind wie früher, groß, blau und klar. Manchmal schlägt im Frühling an einem Baum, der schon schwarz und morsch ist, ein Ast wieder aus – da erfreut sich das Auge an dem ganzen Baum.
Mutter Nafanaila liebte den Frühling, das Tauwetter, wenn die schwarzen Erdstreifen unter dem Schnee hervorkommen, wenn die rötlichen Spitzen der ersten Gräser durch die Erde ans Licht drängen und die roten Käfer mit den dummen Gesichtern auf dem Rücken, an den Hinterteilen aneinanderhängend, unter den Steinen hervorkriechen, wenn die Osterglokken läuten...
»In den Wald, Mädchen, alle miteinander, auf der Stelle! Wir wollen im Wald Blumen pflücken. Der Frühling, das ist eure Zeit. Hinaus mit euch!« Vor Eifer würde sie am liebsten auf die Erde stampfen.
Viele Mädchen aus dem Manajewskikloster heiraten. Viele Kinder werden geboren. Die trogförmigen Lippen der Greisin schelten, aber die klaren Augen lachen.
Die neunzig Töchter lieben Mutter Nafanaila über alles, umsorgen sie, und nun gerade heute...
»Du lieber Gott, wie sollen wir es ihr sagen? Der Wächter ist verschwunden, wir wissen nicht, wo er ist. Belka ist auch fort. Es wird das Mütterchen krankmachen, ihr die Freude verderben, und dabei ist gerade heute...«
Heute ist der Namenstag der Mutter Nafanaila. Sie fragen die Rentmeisterin um Rat. Die Rentmeisterin Katerina ist ein

Mannweib: sehnig, mit kräftigen Brauen, gibt kurz und bündig Rat, als schlösse man etwas ab und versiegelte es.

»Das hat Zeit bis morgen, aber heute – daß mir keine etwas von dem Wächter verlauten läßt«, entschied die Rentmeisterin.

Und der Tag verlief in der gewohnten Weise. Festtagsdüfte stiegen aus dem Keller unter dem Refektorium. Mehlklöße in dicker Sahne, Piroggen mit Kohl in Milch gekocht, Weizenpfannkuchen – heute bewirtete die Äbtissin ihre Mädchen. Zum späten Mittagsgottesdienst läutete man mit der großen Feiertagsglocke. Die Nönnchen trugen neue Gewänder – eine war rosiger als die andere, man braucht nur ein wenig zu pressen, gleich wird der Saft unter dem Schwarzen quellen – die Brüste, sie mögen sie noch so sehr verstecken, zeichnen sich doch prall ab.

»Ach, ihr Lieben!« – Sikidin hatte sich in die Nönnchen vergafft, seine Zähne blitzten, wuchsen.

Die üblichen Beter fehlten. Es waren nur fünf Pilger in die Kirche gekommen und drei Einwohner aus Manajenki: Sikidin, Sinowi Lukitsch und der alte Onissim.

Dafür war bei der wundertätigen Ikone, der Helferin der Sünder, unübersehbar viel Volk versammelt: alle Hände und Köpfe wandten sich ihr zu, sie aber sah liebevoll und mild auf alle, ihre Augen waren blau und klar.

»Helferin, Herrin, erlöse, hilf...«, den Kopf auf die Seite geneigt, so gebeugt, so krank steht Sinowi Lukitsch...

Duschatka, die Hostienbäckerin, brachte das geweihte Festtagsbrot von drei Pfund. Sie übergab es – und schon war sie aus der Tür. Sie blickte sich noch einmal um und lief auf einem kleinen, mit Fliesen belegten Weg nach links auf den Friedhof.

Ein wenig später kam auch Sikidin aus der Kirche.

Die Linden standen matt, ihr Atem ging schwer. Die Bienen schienen an dem Honigduft festzukleben. Auf einer warmen Grabplatte saßen Sikidin und Duschatka. Schon war auch Duschatka ermattet. Sie ließ die Arme hängen, und es gab nur eins auf der Welt: Sikidins Pranke auf ihrer rechten Brust.

»Versteh, Duschatka, ich will dich nicht belügen. Wenn alle

nach dem Mittagessen schlafen, führst du uns auf dem Korridor durch das Gebäude in ihr Zimmer, und dann nimmst du die Beine in die Hand – und weg. Nachts erwarte ich dich auf der Lichtung, du kannst dich drauf verlassen.«
»Wanuschka, um Christi willen, daß du sie nicht beunruhigst!«
»Du Dumme, wir gehen taktvoll vor, entsprechend der Anordnung.«
Es gab nur eins auf der Welt: Sikidins schwere Pranke auf der rechten Brust.
Nach dem Mittagessen lärmten die Gäste in den Räumen der Mutter Nafanaila: Geistliche aus Manajenki, aus Krutoi, aus Jablonow. Wie die Entlein, die auf dem Wasser schwimmen, watschelte die Gastgeberin geschäftig hin und her: ganz vertrocknet, verwittert, aber die Augen blau und klar, jung wie ein saftig knospender Frühlingszweig.
Der Diakon aus Krutoi hatte seine Tochter Nonotschka verheiratet: ach, wie freute sich Nafanaila, wie fragte sie nach allem:
»Und wie war das Hochzeitskleid?«
»Das Kleid war aus weißem Musselin, der Einsatz war so, und so waren die Streifen darum genäht.«
»Nun, gottlob, gottlob. Und hattet ihr auch Musik?«
»Musik, und was für welche! Zwei Juden spielten zu drei langen Tänzen auf.«
»Nun, gottlob, gottlob. Und Pfannkuchen hattet ihr auch?«
Es war ein schöner Tag. Aber Nafanaila strengten die Gäste doch an. Nach deren Aufbruch entließ sie auch die Rentmeisterin Katerina, schloß den Vorhang, legte sich auf den Diwan. Der Vorhang war gelb, alles im Zimmer schien vergoldet, fröhlich: das Geschirr auf der Etagere, das dreipfündige Festtagsbrot, die Vasen am Fenster mit den honigduftenden Lindenzweigen, den Wasserrosen, dem Hahnenfuß.
Wie sie die Augen ein wenig hebt, sind da ihre neun Töchter. Sie sind zum Namenstag gekommen – und sind so fröhlich.
»Ihr Lieben, habt ihr dort auch Musik?«
»Aber ja, das versteht sich doch...« Sie beginnen zu stampfen,

immer lauter – daß sie dort solche festen Stiefel tragen, hätte sie nicht gedacht! –
Nafanaila öffnete die Augen: drei Bauern mit schweren Stiefeln stehen im Türrahmen.
»Habe ich so fest geschlafen? Sicher hat Katerina an die Tür geklopft. Ich bin wirklich zu nichts mehr zu gebrauchen.«
Sie sprang auf, glättete ihre Kleider, watschelte den Bauern entgegen.
»Ihr seid sicher aus Manajenki?«
»Natürlich aus Manajenki – und wir sind gekommen entsprechend der Anordnung.«
»Ihr Lieben, ist das eine Freude! Ach, vielen Dank! Da habt ihr an mich gedacht und ehrt mich alte Frau! Aber ich habe noch Festtagspiroggen und alles andere. Gleich, gleich…«
Und wie die Entlein, die auf dem Wasser schwimmen, ging sie ins Nebenzimmer, klapperte mit den Tellern.
Der alte Onissim machte einen Mund wie ein O.
»Du liebe Güte, da sind wir ja schön angekommen.«
Man konnte deutlich hören: ein Messer zerlegte Weiches, klirrte leise auf dem Teller: eine Pirogge wurde in Stücke geteilt.
Sikidins weiße Zähne wurden sichtbar, die Augen verbarg er in der Schirmmütze, die Schirmmütze hielt er in den Händen.
»Was soll schon sein, wir sind den ganzen Tag ungegessen. Nur, daß es nachher keinerlei Bevorzugung gibt, auf keinen Fall.«
Die Äbtissin schleppte ein Tablett heran: eine Pirogge, eine Karaffe mit Obstler, ein Stück gebratenen Karpfen.
»Nun, meine Lieben, ihr habt mich so ihr habt an meinen Namenstag gedacht! Wie schön, wie schön! Und du, Alterchen, in den Sessel. Nun dann: zum Wohl! Auf eures und auf meins.«
Mit dem unglückseligen Wächter beschäftigten sich die Manajensker die ganze Nacht. Aber der Obstler zum Namenstag war gut und stark: er ging ins Blut und stieg zu Kopf. Immer

gieriger schlangen Sikidins Wolfszähne die Pirogge. Immer benommener hing Sinowi Lukitschs Kopf zur Seite.
Noch ein Gläschen, und Sinowi Lukitsch schlägt sich an die Brust.
»Mütterchen, ich bin ein Sünder. Ich sage es vor allen... Aus Fleischeslust habe ich zum dritten Mal geheiratet – eine ganz Junge. Und wieder habe ich eine Färse mit einer entzündeten Zunge. Aber die Mutter Gottes, ich meine, die Helferin der Sünder, muß uns doch aus der Not helfen. Und wenn ich auch gesündigt habe, und wenn auch die Färse... ich meine, ich habe doch für die Gesellschaft gesündigt und nicht für mich... Habe ich nicht recht, Sikidin?«
Es klopfte an der Tür. Die Mutter Rentmeisterin. Feste Schritte, Männerschritte. Sie blickte auf die Manajensker mit hochgezogenen Brauen:
»Ihr Bauernvolk! Ihr habt die Pirogge geschnuppert und habt euch hereingestohlen. Wenn es auch noch nicht spät ist, sie muß jetzt ruhen!«
»Liebste Katerina, wenn du uns noch etwas Obstler... Es ist doch ein besonderer Tag heute. Sei doch so gut – dort auf der Etagere sind die Schlüssel zum Keller!«
»Entweder gleich, wenn sie in den Keller geht... oder alles ist umsonst...«
Sikidin stand auf, er senkte die Stirn: ein Kampfstier. Mit den Händen stützte er sich auf den Tisch, die rechte Hand mit einem Lappen umwickelt.
»Aber Onkelchen, was hast du denn da an der Hand? Gib her, ich werde sie dir sauber verbinden, sonst entzündet sie sich.«
Sikidin erhob die Hand. Doch – gegen die Äbtissin, gegen ihre Hand ist er machtlos.
Und da ist es auch mit Onissim zu Ende. Vom Obstler ist sein Gesicht rot angelaufen, seine kindlich-greisenhaften Haare scheinen noch weißer.
Er rülpste, wischte sich ab, verbeugte sich tief bis zum Gürtel: »Nun, Mütterchen, Dank für die Bewirtung! Nun denn – bis dann! Aber die Pirogge, die war...«

Die Äbtissin strahlt warm wie eine Kerze. Lieber Gott, was war das heute für ein Tag. Sikidin steht starr wie eine Säule, die Zunge liegt ihm bleischwer im Mund. Er knirscht mit den Zähnen – und wie eine Kugel schießt er aus der Tür.
»Wohin denn, wohin lauft ihr denn, wartet doch! Da ist sie schon, die Katerina, sie klirrt schon mit den Schlüsseln...«
Worauf sollen sie noch warten: sie stampfen über die Treppe, schlurren über die warmen Fliesen unter den Linden...
In der Senke beim Wagen nehmen sie sich den alten Onissim vor:
»Du Dummkopf, du Maulaffe, du Holzkopf! Da-anke, Mütterchen! Als ob wir es verabredet hätten. Aber auch wenn du den Mund gehalten hättest, du hättest immer ausgesehen wie... da-anke, Mütterchen!«
»Und ihr, wart ihr etwa schlauer, ihr hättet längst mit ihr über die Geschäfte reden können. Habt ihr etwa? O? – Nun – so.«
Auf dem Wagen grämt sich Sikidin:
»Und wie sollen wir es jetzt den Unseren, den Manajenskern sagen? Natürlich, die Umstände, die waren ganz anders, als wir dachten. Bei Gott, es ist eine Schande. Wir müssen was erfinden, das glaubhaft klingt, und dann können wir hoffentlich sagen: da-anke Mütterchen!«
Er schlägt mit der Peitsche auf das Pferd ein – auf das Pferd, aber es ist gar nicht das Pferd, es ist Großvater Onissim.
Nun, das macht nichts: sie haben noch sieben Werst zu fahren. Vielleicht fällt ihnen bis dahin etwas Glaubwürdiges ein.

1918

Die Rus

Ein Fichtenwald mit kernigem Holz, in Schlaf versunken, darin Bärenlager, feste Pilze, Geruch von Harz, graue, struppige Moose. Er hat die eisernen Helme der fürstlichen Gefolgschaften[1] gesehen, die Kapuzen der Einsiedler des alten, einzig wahren Glaubens, die zerrissenen Mützen der Räuberbanden Stepans[2], die steifgefrorenen Helmbüsche der Franzmänner. Und all das vorüber, als wäre es niemals gewesen. Von neuem blaue, winterliche Tage, das Rauschen des von den Ästen niederbrechenden Schnees, knallender, berstender Frost, der Specht klopft. Gelbe Sommertage, wächserne Kerzchen in knorrigen grünen Händen, durchsichtige Honigtränen an mächtigen Stämmen, der Kuckuck zählt die Jahre.
Aber da haben sich in der Schwüle Wolken zusammengeballt, der brandrote Himmel ist geborsten, Feuer tropft herab, der uralte Fichtenwald fängt an zu qualmen, und gegen Morgen züngeln schon überall rote Flammen; Zischen, Pfeifen, Bersten, Heulen, der halbe Himmel ist mit Rauch bedeckt, die Sonne in Blut getaucht, kaum noch sichtbar. Und was wollen die Menschlein mit Spaten, Gräben und Eimern? Der Wald ist verschwunden. Das Feuer hat ihn vernichtet: Stümpfe, Asche, verkohltes Holz. Vielleicht wird man hier Fluren, so schön, wie man noch keine sah, anlegen, vielleicht wird darauf ein Weizen wogen, wie es noch keinen gab, und vielleicht werden bartlose Leute aus Arkansas die schweren Goldkörner des Weizens in der Hand hin und her rollen. Vielleicht wird hier auch eine Stadt entstehen, eine laute, unruhige, steinerne, gläserne, eiserne Stadt, und aus der ganzen Welt, über Berge und Meer, werden mit Motorengebrumm Leute geflogen kommen. Aber den Wald wird es nicht mehr geben, die blaue, winterliche Stille, den goldenen Sommer, und nur die Märchenerzähler werden in ihrer buntverbrämten Weise von der Vergangenheit berichten,

von den Wölfen und Bären, von den ehrwürdigen, grünmoosigen, jahrhundertealten Vorfahren, von der Rus[3], werden uns berichten, wer vor zehn Jahren, vor hundert Jahren das alles mit eigenen Augen sah, und die in hundert Jahren da sein werden, die Leute in den Flugzeugen, werden es hören und sich darüber wundern.
Wie Nil Stolbenski[4] von Ostaschkow lebte in diesem Wald der Maler Kustodijew, und vielleicht kamen wie bei Nil bei ihm zusammen alle Geschöpfe, alle zotteligen Tiere, böse und freundlich, und er erzählte von alledem – für alle Zeiten: für uns, die wir vor fünf Jahren – vor hundert Jahren all das mit eigenen Augen sahen, aber auch für die mit Flügeln ausgerüsteten, die in hundert Jahren dasein und mit Staunen von alldem hören werden, als sei es ein Märchen.

Die Straßen sind nicht mit dem Zollstock Peters vermessen – nein: das wäre Petersburg, Rossija. Hier ist die Rus, enge Gäßchen, die bergauf und bergab führen, damit im Winter die Kinder mit Geschrei auf gefrorenen Eisblöcken rutschen können, Nebengassen, Sackgassen, Vorgärten und Zäune, Zäune. Der jenseits der Moskwa gelegene Teil Moskaus, das Samoskworetschije mit diesen uralten Namen, die wie aus Eichenholz geschnitzt klingen: Sasepa, Ordynkaja, Baltschug, Schabalowka, Babjegorod; der Moskauer Vorort Kolomna mit dem eisernen Kremltor, durch das der Fürst Dimitri[5], auf Gottes Hilfe vertrauend, auf das Schnepfenfeld auszog; das Rschew Wladimirs mit dem Stadtteil des Fürsten Dimitri und des Fürsten Fjodor, wo vielleicht bis auf den heutigen Tag die Einwohner bei den berühmten Faustkämpfen einander die Nasen einschlagen; und jenseits der spiegelnden Moskwa Nischni Nowgorod mit der übervollen Makarjewmesse, mit Dampferwettfahrten, Sterletts, mit Wirtshäusern; und alle die Städte an der Wolga: Jaroslawl, Romanow, Kineschma, Putesch mit dem Stadtpark, hölzernen Bürgersteigen, mit breit auf die Erde hingelagerten, wie Abendmahlsbrot appetitlichen fünfkuppligen Kirchen; und alle die Schwarzerde-

dörfer Jelez, Lebedjan mit Pferdemärkten, Zigeunern, Pferden, betrügerischen Händlern, Unterkünften für Reisende, Pilgern und Wahrsagern.
Das ist die Rus, und hier gab es vor noch nicht langer Zeit alle diese, wie man sie im Hegewald von Belowesch heute noch wie anno dazumal finden kann: die bärenstarken Kaufleute, die Teeverkäufer mit ihren fliegenden Samowarbuden, die durchtriebenen Hausierer aus Jaroslawl, die »Fürsten«[6] aus Kasan mit ihren schlauen Äuglein. Doch alle übertreffend: eine Schönheit, die echte, russische Schönheit, nicht irgendeine unruhige Wespe aus Piter[7], sondern eine wie die Wolga: würdig, behäbig, breit, vollbrüstig – und wie auf der Wolga: verläßt du die Fahrrinne und wendest dein Boot zum Ufer in den Schatten, dann bist du unversehens in eine Untiefe geraten.

Wenn ihr in der Stadt Kustodijew[8] (es gibt schon Kainsk, warum sollte es also Kustodijew nicht geben?) spazierengeht, werdet ihr eine solche russische Schönheit, Marfa Iwanowna, sehen. Wer kannte ihre Eltern nicht: aus altem Mehlhändlergeschlecht, das aus Kerschaz stammte, hätten sie bis auf den heutigen Tag gelebt, wenn sie nicht einmal in der Butterwoche spazierengefahren wären. Den Pferden, die mehr Tigern glichen, hatte man – warum soll man die Sünde verheimlichen – je eine Flasche Sekt in den Tränkeimer geschüttet, damit sie feuriger würden. Daraufhin stürzte der Schlitten mit Insassen und Kutschern in ein Eisloch, das die Frühjahrssonne schon aufgetaut hatte. Ein gutes Ende!
Seit dieser Zeit lebt Marfa bei ihrer Tante Felizata, einer Äbtissin, reift heran und wird immer appetitlicher und saftiger wie ein roter Anisapfel am Baum.
Nach dem Gottesdienst gehen sie nebeneinander durch den Klostergarten. Felizata mit dem Rosenkranz, durch Haube und Mantel von der Welt abgeschieden – Marfa rundlich, voll, weizenblond. In der Sonne summen die Bienen, es duftet nach Honig, nach Äpfeln und nach Marfa.
»Höre, Marfa, es ist nun Zeit für dich, zu heiraten. Wenn der

Apfel nicht rechtzeitig gepflückt wird, kommt ein Vogel und pickt ihn an, und dann ist die Sünde nicht mehr weit.«
Felizata lebte einst in der Welt, damals nannte man sie Katja, Katjuschenka, sie weiß das noch gut, hat nichts vergessen.
Zu Marfa kommen Bewerber gefahren – und was für welche! Alle aus besten Verhältnissen. Ob sie Sasykin nehmen soll, einen der reichsten Leute aus Kustodijew – nur Wachramejew ist noch reicher als er? Sein Vater kam aus Sibirien; man erzählt, daß er einmal in gefrorenen Stören zwei Pud Assignaten herausgeschmuggelt hat, und dabei soll nicht alles gestimmt haben. Nun, Geldschein ist Geldschein. Man sieht ihm nicht an, wo er herkommt. Sasykin ist zwar nicht gesprächig, auch nicht mehr der Jüngste und sieht in gewisser Weise dem Jemeljan Pugatschow[9] ähnlich, aber dafür ist er ein Geschäftsmann, wie man ihn selten findet.
Auch Wachramejew kommt oft, der Bürgermeister der Stadt, schon zum zweitenmal Witwer, er tut so, als besuchte er Felizata (er kannte sie noch als Katja), aber eigentlich scherzt er nur mit Marfa. Wenn er seinen schon graumelierten Bart zurechtstreicht und sich setzt, die Beine ausstreckt, die Hände, an denen Edelsteine glänzen, auf die Knie stützt und anfängt zu erzählen – er hat immer schön gedrechselte Phrasen parat –, dann kannst du dir nur die Seiten halten vor Lachen...
Die Tante läßt Marfa keine Ruhe, sie fühlt, daß sie nicht mehr lange leben wird:
»Marfa, was soll hier langes Bedenken: zu dieser Sache paßt der Verstand genausowenig wie Zucker zu Räucherfisch. Schreibe kleine Zettelchen mit den Namen und lege sie hierher unter die Ikonen auf das Brettchen der Fürbitterin. Wen du herausziehst, der soll es sein.«
Marfa zieht den Zettel mit Wachramejews Namen heraus, und ein Stein fällt ihr vom Herzen. Dieser Sasykin ist ein undurchsichtiger Mensch. Gott sei mit ihm. Aber Wachramejew ist immer gut gelaunt und kannte ihren Vater. Er wird jetzt für sie wie ein Vater sein.
Als Felizata Sasykin mitteilt, wie die Fürbitterin entschieden

hat, sagt er nichts, starrt nur auf sein Schälchen mit Marmelade. Er zieht eine Fliege aus der Marmelade, sie beginnt summend über den Tisch zu krabbeln, und er sieht lange zu, wie sie herumkriecht.
Am Morgen wird bekannt: Sasykin hat in dieser Nacht seinen Traber, der tausend Rubel wert war, zu Tode gehetzt.

Nun lebt Marfa mit Wachramejew in seinem zweistöckigen Haus neben dem Turm der städtischen Feuerwehr. Es ist mit ihr wie mit einem verpflanzten Apfelbaum: man holt einen Apfelbaum aus Lipezk, aus den berühmten Koschinschen Baumschulen – er trauert einen Monat, die Blätter rollen sich zusammen, aber der Gärtner geht um ihn herum, begießt ihn, lockert die Erde – und sieh, er hat sich umgestellt, er treibt aus, und schon blüht er von neuem und duftet.
Wie man einen besonders edlen Apfelbaum – eine Goldparmäne – pflegt, so pflegt Wachramejew Marfa. Er spannt zwei Pferde vor den mit Teppichen ausgelegten Schlitten, unter den Pferdehufen stäubt der Schnee, der Wind pfeift – und hinein in das Geschäft: die Burschen sollen seine junge Frau sehen. Die Angestellten legen sich ihr zu Füßen wie Teppiche: tritt nur darauf, Marfuscha! Doch, wenn es Wachramejew scheint, daß ein kohlschwarzes Zigeunerauge brennend auf Marfa gerichtet ist, dann zieht er nur seine rechte Braue wie eine Peitsche hoch, und das Zigeunerauge senkt sich.
Es ist Jahrmarkt. Wachramejew fährt mit Marfa auf den Jahrmarkt. Bitterer Januarfrost, die Bäume sind mit einem Pelz von bläulichem Schnee bedeckt, an Stangen baumeln Fahnen, Buden, fliegende Händler mit ihren Tabuletts, Archangelsker bemalte Lebkuchen aus Roggenmehl, das Quäken von Tonpfeifen, Luftballons in allen Regenbogenfarben an der Schnur eines Jaroslawler Händlers, die Musik eines sich drehenden Karussells. Und vielleicht brauchte Marfa gar nicht Wachramejews schnaubende, weißdampfende Pferde, wenn sie sich auf dieses hölzerne Pferd, das den Kopf so hübsch senkt, setzen und sich an jemandem festhalten könnte – wenn dann der

Wind das Kleid aufbläht, wenn er eisig an den Knien brennt und sich die Schultern berühren – wie ein Feuerfunke würde es überspringen…

Sonnabends gehen sie ins Badehaus, wie es die Eltern und Großeltern taten. Sie gehen zu Fuß, so ist es Wachramejew gewohnt. Aus seinem Haus schräg gegenüber kommt ihnen Sasykin entgegen. Er will auch ins Bad. Wachramejew ruft ihm über die Straße eine seiner spaßigen Phrasen zu:

»Wohin hat dich denn der liebe Gott verschlagen? Na, dann spüle das Böse von dir ab und bade dich im Besseren!«

Sasykin schweigt, aber seine Augen brennen wie die eines Uhus, der pechschwarze Bart erinnert an Pugatschow.

Im Badehaus steht schon die Wachramejewsche Sonderkabine mit trockenem Dampf bereit, sie hat einen besonderen Wachramejewschen Eingang, eine besondere Seife aus Kasan und besondere, seidige Ruten aus jungen Birkenzweigen. Dann wirft Marfa den Pelz, das Umschlagtuch, das Kleid ab und tritt hervor glänzend wie Atlas, üppig-rosig, weiß-rundlich, nicht eine Venus aus Meerschaum, sondern die russische Venus im Badedampf mit der Baderute, und Wachramejew krächzt, wackelt mit dem Kopf, kneift die Augen zu…

Und schon wartet wie immer vor der Auffahrt der schmucke Kutscher Nr. 15, Pantelei – eine Stupsnase, blaugefroren vom Frost, Zähne, blitzend wie weißer Schaum, lustige, kecke Gauneraugen, eine schief auf den Kopf gesetzte Mütze:

»Haben die Herrschaften gut gebadet? Bitte einzusteigen!«

Zu Hause – Prunkzimmer mit Bildern, silbernen Kannen, Uhren, Sammlerstücken unter Glas – Paradezimmer, bedrückende, blaugefrorene Fenster mit Eisblumen, Stufen und das niedrige Schlafzimmer, glänzende Goldbeschläge an den geweihten Ikonen, dunkle Augen voll tiefer Trauer, der riesige, zweischläfrige, mit weichen Kissen gefüllte Bettkasten…

So geht das Leben gemächlich dahin. Und das ganze Leben sind sie wie ein Wald von kräftigem Bauholz, bleiben am gleichen Platz, mit den Wurzeln tief in der Erde verankert. Tage, Abende, Nächte, Feiertage, Arbeitstage.

Werktags ist Wachramejew vom Morgen an in seinem Laden in der Budenstraße. Aus der Gastwirtschaft: Teekannen und rotglasierte Weizenkringel. Von Sasykin kommt ein Topf mit fünf Pfund Kaviar. In langschößigen Röcken, in Pelzen, in Stiefeln mit glänzenden Schäften, die Haare rund oder keulenförmig geschnitten, wie sie die Eltern trugen, spielen sie beim Tee um Millionen, verhandeln den Weizen von Saratow nach Piter, von Rostow nach New York und belauern sich wie listige Füchse, um den Freund um eine Kopeke zu prellen, wischen sich mit ihren karierten Taschentüchern die Stirn, schwören und fluchen.

»Ja, wenn er nicht geschworen hat, glaubt er dem eigenen Wort nicht«, bemerkt Wachramejew über einen, der es immer gleich mit dem Schwören hat. Der gibt nach und schweigt. Die treffenden Worte zu finden, ist beim Handeln äußerst nützlich.

Aber auch während der Geschäfte denkt Wachramejew an Marfa. Sieh, da steht am Türpfosten vor ihr ein junger Mann aus Wachramejews Geschäft mit einem Sack Krimäpfel und vielerlei Nüssen – Walnüssen, Paranüssen, Zedernüssen, Haselnüssen.

»Der Herr hat befohlen, Ihnen das abzugeben.«

Vor Marfuscha blitzt ein kohlschwarzes Zigeunerauge auf, und sie sagt mit gesenkten Lidern: danke. Aber dann vergißt sie den angebissenen Apfel in der Hand, sieht lange aus dem Fenster auf die blauen Schatten eines Baumes, über der eingeengten Brust knistert das enge, karierte Seidenkleid. Sie seufzt.

Und Winter, Winter. Alles ist in weichen Schnee gehüllt. Die Häuser haben weißgraue Brauen über den Fenstern; das Bellen der Hunde klingt gedämpft; in der Sonne steigt rosiger Rauch aus dem Schornstein; in der Ferne Geschrei von Jungen mit Schlitten. Und an Feiertagen, wenn die Glocken aller vierzig Kirchen läuten, sind von ihrem Gedröhn Himmel und Erde wie mit Samt ausgekleidet. Und dann im Pelz mit dem Zobelbesatz und den bunten Fausthandschuhen aus Nerechta über den bläulichen, unberührten Schnee gehen, als ob jeder Schritt eine

Spur für das ganze Leben prägte, unter der mit Schnee behangenen Zauberin-Birke stehen, die scharfe Luft einschlürfen – die Wangen röten sich vom Frost und vielleicht von noch anderem, und man ist noch so jung und fühlt, daß es etwas in der Zukunft gibt, daß etwas wartet, bald...

Fastenzeit. Die Fahrspuren auf der Straße sind voll gelbem Matsch. Am Himmel fliegen Scharen von Krähen, die anders krächzen als im Winter. Mit einer einzigen, kläglichen Glocke bimmeln der fünfkupplige St. Nikolaus, Mariä Opfer und Salvator. Alte Gerichte wie zur Großväterzeit: Kohlsuppe mit Stint, gesäuerter Haferbrei mit Most, mit Honigwasser, dreieckige Pasteten mit Hechtfleisch, Würze aus frischem Hecht, Hausen in Fischsuppe. Lerchen[10] aus der Bäckerei mit Senföl. Und dann Ostern: Sonne, Geläut, den ganzen Tag ist es, als ob das Blut selbst sänge.

Zu Ostern ist es üblich, daß Wachramejews Burschen zu ihrem Herrn kommen, um Glück zu wünschen, um mit ihm und der Herrin den Osterkuß zu tauschen. Auf Zehenspitzen, mit knarrenden, neuen Stiefeln küssen sie einer nach dem anderen Marfa mit Lippen, die sie wie ein Röhrchen spitzen, so wie man die Feiertagsikonen küßt, dann bekommen sie aus Marfas Hand ein grellrotes Ei mit den goldenen Buchstaben: Ch. W.[11]

Und plötzlich ist da einer – oder schien es vielleicht nur so –, einer, bartlos, kohlschwarze Zigeuneraugen, trockene Lippen – zitternd küßt er Marfa, um ein winziges Teilchen einer Sekunde länger als die anderen, als sei Marfuschenka nicht eine Ikone, sondern...

Das Herz... nein, es war nicht das Herz, das ihr aus den Händen sprang. Das Osterei, blutrot wie ein Herz, rollt jemandem vor die Füße.

Wachramejew hat die rechte Braue wie zu einer Peitsche hochgezogen, er sagt zu dem jungen Mann:

»He Freund, du hast ja Hände wie eine Harke. Womit hat man dir den Kopf verdreht?«

Eine einzige Nacht – und der April hat sich aus der Eierschale befreit. Erster Staub, es ist warm. Und wie die Schüler im Win-

ter an der roten Fahne am Feuerwehrturm sehen, daß Frost ist, zwanzig Grad, und daß die Schule ausfällt, so wissen nun alle, daß es warm ist, denn: der Kistenmacher Petrow ist mit seiner Ware aus dem Laden auf die Straße gezogen. Vor der Tür hat er mit gemusterten Beschlägen und Rosen verzierte Truhen aufgestellt. Er sitzt mit seiner Zeitung auf einem Schemel und hält den kahlen Kopf in die Sonne, wie man einen Eimer unter die Regentraufe stellt.
»Was gibt es Neues? Was schreibt man aus der Hauptstadt?«
Der Kistenmacher blickt über die Ränder der auf die Nase gerutschten Brille und sagt mit wichtiger Miene:
»In Moskau haben sie auf dem Truba-Platz einen ledernen Götzen aufgestellt.«
»Was denn für einen Götzen?«
»Na, so einen: man schlägt ihm in die Fresse, und er heult auf, und je ärger man ihn schlägt, desto lauter schreit er. Das soll zur Stärkung der sportlichen Kräfte und zur Bewährung sein, ja.«
Und so haben schon zwanzig Jahre lang die Budenreihen von ihm über die Moskauer Götzenbilder erfahren, über Kometen und Kriege, über alles, was sich dort ereignet, dort in der Ferne, der die im Wind summenden Telegraphenleitungen, die Dampfer mit ihren Schaufelrädern zustreben...

Dampfer, Wolken, Monate, Tage, Vögel – alles wie im Flug vorbei. Aber hier schaukelt das Leben wie im Hafen verankert, und die Menschen gleichen einem kräftigen Wald von Nutzholz, der tief in der Erde verwurzelt ist.
Die alten Leute erzählen, daß einmal im Jahr, wenn im Mai in dunkler Nacht der Neumond geboren wird – daß einmal im Jahr sogar den Bäumen, Blumen und Gräsern, allen Pflanzenseelen erlaubt ist, umherzuwandern, bis der Morgen kommt. Da müssen sie wieder auf ihrem Platz sein. Mit weißen, nackten, vom Frühlingssaft schwellenden Stengeln, an denen noch nahrhafte, duftende Erde hängt, durchtaumeln sie die dunkle Nacht, und so kommt es, daß...
Hitze, gelbsengende Tage, so sengend schwer wie das Gelb rei-

fer Äpfel, die bereit sind zum Fallen. Man braucht sie nur leise zu berühren, anzusehen oder anzuhauchen. Über den alten Zaun des Wachramejewschen Hauses haben sich Linde und Flieder mit üppiger Brust gehängt. So sehen an schwülen Abenden, den glühenden Körper auf das Fensterbrett gepreßt, die Schönen von Jaroslawl, Rjasan und dem Samoskworetschije aus den Fenstern.

Schon seit einer Woche sind alle großen Geschäftsleute aus der Stadt nach Nischni Nowgorod zur Messe gefahren. In den weiten Räumen ist Marfa allein. Ein quadratischer Sonnenfleck gleitet lautlos über die Kacheln des Ofens, bricht sich am Säulenfuß, kriecht über den gewachsten Boden. Hinter den Tapeten in der hölzernen Wand fängt etwas leise an zu ticken, zögert, verstummt. Es ist, als hätte sich im Holz jemandes Herz gerührt. Und immer möchte sie Kwaß mit Eis trinken, die Lippen sind ausgedörrt. Ist ihr nicht gut, oder ist es nicht das? Beengt sie das Kleid über der Brust? Abends im Schlafzimmer wird sie das Kleid abwerfen, sinnend auf ihr verschwimmendes Bild im Spiegel blicken, dann so schnell wie möglich die Kerze auslöschen – dann werden auch ihre Wangen nicht mehr brennen.

Am Morgen steht unter dem Fenster ein Kasaner »Fürst« in einer wattierten Mütze, die wie ein Topf aussieht, mit abstehenden Ohren und durchdringend blickenden Augen, als ob er selbst durch ein Schlüsselloch sähe.

»Herrin, willst du nicht schöne, seidene Schals kaufen? Kaufe sie nur, sie werden deinem Kavalier gefallen. Sie sind herrlich.«

Er schnalzt mit der Zunge, drückt ihr einen Schal in die Hand und grinst, als ob er durch das Schlüsselloch alles gesehen hätte, alles wüßte.

Marfa senkt die Augen und ärgert sich sogleich darüber. Sie tritt unter das Vordach und kauft ärgerlich, was ihr in die Hand kommt: ein Spitzentaschentuch. Dann bleibt sie noch lange stehen, sieht dem »Fürsten« nach, schaut auf eine Wolke, die sich von der Herde der übrigen gelöst hat, so unbeschwert und

so leicht, wie einst ihre mädchenhaften Gedanken waren. Sie will gerade ins Haus zurückkehren, da hört sie hinter sich am Gartenzaun ein Rascheln, ein Knarren auf dem mit Brettern belegten Gehsteig, und um die Ecke taucht kohlschwarz ein Zigeunerauge auf:
»Marfa Iwanowna...«
Sie bleibt stehen.
»Marfa (–leise)... Mafuschenka (– mit Flüstern, trocken wie Sand)... in der Nacht – kommst du – in den Garten...?«
... Sie bleibt stehen, um den Unverschämten zum Schweigen zu bringen, um ihm gleich die Lust zu nehmen. Doch Gott weiß, warum, sie bringt kein Wort heraus, ihre Lippen sind kraftlos. Schweigend, ihm den Rücken zuwendend, hört sie ihn bis zu Ende an, und nur die Seide über der beengten Brust knistert.
In der Nacht ging sie in den Garten – in dunkler Mainacht, als der neue Mond geboren wurde, als in der Dunkelheit alle Bäume, Gräser, Blumen mit nackten, weißglänzenden Stengeln, die von Frühlingssaft strotzten, raschelten, flüsterten, raunten...
Es ist Morgen. Die Kreuze auf den blauen Kuppeln erstrahlen in rosigem Gold, die Steine sind rosig, die Fensterscheiben, die Zäune, das Wasser. Und alles ist wie gestern, als wäre nichts gewesen.
Und wie immer kehrt fröhlich, voller Späße, mit lustigen Reden und einer Lade voller Geschenke Wachramejew nach Hause zurück. Er öffnet Marfa die Lade, sie nimmt die Geschenke heraus, betrachtet sie, legt sie zurück, sitzt ohne ein Lächeln da.
»Was ist mit dir, Marfa? Hast du mit dem Kwaß eine Fliege verschluckt?«
»Ja, ich habe heute nacht sehr schlecht geträumt.«
Der Traum erfüllte sich. Ein Tag verging, zwei Tage vergingen, Wachramejew aß seine Mahlzeiten allein. Nach dem Essen legte er sich hin, um zu ruhen – und stand nicht wieder auf. Vielleicht war im Mittagessen der Köchin unter den Morcheln

ein Giftpilz, der Krämpfe verursacht, und er ist daran gestorben. Man redete auch anderes; nun, es ist kein Wunder, daß geredet wurde. Eines steht fest: Er ist als Christ gestorben, und das letzte Wort, das er zu Marfa sagte, war:
»Heirate nicht den Sasykin. Er hat mich auf der Makarjewmesse mit nassem Mehl betrogen.«
Sasykin wurde das Mehl zum Verderben. Die junge Wachramejewsche Witwe heiratete nicht den Sasykin, sondern einen anderen, den mit dem schwarzen Zigeunerblick. Man erzählt sich: Sasykin habe sich in eine Bärenhaut einnähen lassen und sei völlig betrunken auf den Hof gegangen. Auf dem Hof habe er die Kettenhunde losgelassen – sie sollten ihn zerreißen, damit keiner höre, wie der Schmerz ihm das Herz zerriß. Dann sei er nach Sibirien gegangen und dort verschollen.
So fällt ein Stein in ein träumerisch ruhendes Wasser. Ein Aufspritzen, Kreise. Schon verlaufen sie sich, das Wasser ist nur noch leise bewegt, so wie ein Auge, in dessen Winkeln ein Lächeln sitzt. Dann wieder ruhende, spiegelnde Glätte.
Die Kreise sind verebbt, und das Leben ist wieder ruhig und gleichförmig wie das Rauschen der Strömung im Flußbett. Hinter dem Ladentisch klappern die Rechenschieber, und geschickte Hände, in denen Bandmaße blitzen, messen Elle auf Elle. Auf eine bemalte Truhe gestützt, wärmt sich in der Sonne, die Zeitung in der Hand, wie ein Kürbis der Kistenmacher I. S. Petrow mit seiner kürbisartigen Glatze. Ganz in Weiß flitzen Kellner durch die Wirtshausstuben, und wie Lokomotivendampf wehen die Enden ihrer gestickten Handtücher und die Troddeln ihrer Gürtel hinter ihnen her. In seinem ärmlichen Loch sitzt der Maler Akimytsch, der Stammgast der Kneipe; eifrig malt er Schinken und Würste auf ein Blechschild, damit er zur gewohnten Stunde mit seiner Karaffe im gewohnten Winkel sitzen kann, um Tränen über sein vertanes Trinkerleben zu weinen.
Und abends werden alle Glocken zugleich in den blauen Mauerdurchbrüchen der vierzig Glockentürme schwingen, und über der Stadt, über den Hainen, über dem Wasser, über den

Feldern, über den Pilgern auf den Wegen, über den Reichen und über den Trinkern, über den schuldigen Menschen und den schuldlosen Pflanzen, über allem wird sich der metallene Glockenklang wie Samt ausbreiten, und alles wird sanft und still werden, zur Ruhe kommen wie der Staub im warmen Tau eines Sommerabends.

1923

Über die Entstehung der Erzählung »Rus« berichtet Samjatin in dem Essay »Begegnungen mit B. M. Kustodijew«, daß er von dem Verlag Akwilon den Auftrag erhielt, zu einer Serie von russischen Typen, die Kustodijew gemalt hatte, einen Aufsatz zu schreiben. Doch »die Fuhrleute, die Gastwirte, die Kaufleute, die russischen Schönen und Nonnen belebten sich, die Geschichte ›Rus‹ entstand«. Das Sujet hat Samjatin offensichtlich von Leskows Erzählung »Lady Macbeth aus Mzensk« übernommen.

1 Gemeint sind die Gefolgschaften der warägischen Fürsten im Kiewer Reich.
2 Stenka Rasin, Führer eines Kosakenaufstandes an der Wolga, 1671 hingerichtet.
3 »Rus« ist die in den ältesten russischen Chroniken belegte Bezeichnung für Rußland; im Gegensatz zu dem auf den Staat bezogenen Namen »Rossija« liegt in der Bezeichnung »Rus« die Betonung auf dem heimatlich Volkstümlichen, auf der besonderen Eigenart der russischen Tradition.
4 Gründer einer Einsiedelei auf der Stolbenski-Insel im Seeliger See, Ende des 15. Jahrhunderts.
5 Dimitri Donskoi, Großfürst von Moskau, errang 1380 auf dem Schnepfenfeld (Kulikowo Pole) am Don den ersten Sieg über die Tataren.
6 Ironische Bezeichnung für hausierende Tataren.
7 Volkstümliche Umgestaltung des Namens Petersburg.
8 Kustodijew: Stadt in Sibirien.
9 Jemeljan Pugatschow gab sich für den ermordeten Zaren Peter III. aus. Anführer eines Kosakenaufstandes an der Wolga und am Ural. Hingerichtet 1775.

10 Gebäck, das zu Frühlingsanfang, nach dem russisch-orthodoxen Kalender am 9.3., hergestellt wurde; in Öl gebacken, da das Datum meist noch in die Fastenzeit fiel.

11 Christos woskrese – Christus ist auferstanden, der Ostergruß der orthodoxen Russen.

Die Augen

Du bist ein Hund.

Dein räudiges Fell war vielleicht weiß. An deinem schlaff hängenden Schwanz mit den zottigen Haarbüscheln haben sich für immer Kletten eingenistet. Einer deiner Ohrlappen ist nach innen verdreht, doch wie solltest du das Ohr wieder richten?

Du hast keine Worte: du kannst nur winseln, wenn man dich schlägt, dich heiser bellen, wenn es der Herr befiehlt, und nachts den grünlich grämlichen Mond anheulen.

Aber deine Augen... Warum hast du so wundervolle Augen? Du hebst die Augen, siehst mit sprechendem Blick in mein Allerinnerstes, wir halten Zwiesprache, und ich weiß: du bist uralt, weise, weiser als wir alle. Vielleicht warst du früher ein Mensch, wirst wieder einer werden. Aber wann wird das sein?

Dein grauhaariger Herr hielt dich an der Kette in der schmutzigen Hundehütte. Du lecktest das Spülicht aus einer schmutzigen Freßscherbe. Du benagtest das Abgegessene des Herrn. Und du bewachtest gewissenhaft seinen Besitz.

Du erinnerst dich: ein heißer Tag, ein Reisewagen auf dem Hof, man belud ihn mit Teppichen, Samowaren und fuhr fort. Du wartetest.

Es spazierte auf dem Hof eine Truthenne mit ihren roten Halswülsten, verfolgte aufmerksam eine Weihe am Himmel, sammelte die Küken unter ihre Flügel. Die Hundehütte bedeckte schon der Schatten des Wasserkarrens: der Reisewagen war noch nicht zurückgekommen. Und du erinnerst dich: am nächsten Morgen schlugst du die Zähne in eins der rotwülstigen Truthahnküken, im Nu hattest du es verschlungen – und nur weiße, mit Rotem bespritzte Federn blieben an der Hundehütte zurück.

Wie da der Herr dir mit der zweischwänzigen Peitsche über die Augen hieb! Ganz nah vor dir war seine aufgedunsene Fresse

mit dem grauen Bartgestrüpp, aber du schlugst deine Zähne nicht hinein: denn er war der Herr. Du bliebst stumm. Nur aus deinen Augen flossen Tränen, bildeten gelbe Rinnen von den Augenwinkeln bis zur Nase.
Am anderen Morgen – du erinnerst dich? – krochst du mit zur Erde gesenkter Schnauze, den Schwanz zwischen die Beine geklemmt, durch den Schmutz dem Herrn entgegen. Schwänzelnd lecktest du ihm die Hand. Als er dir gütig den Hals klopfte, wälztest du dich selig auf den Rücken – dir war vergeben! – du kniffst die Augen zusammen, zappeltest mit den Beinen, die Kette klirrte und offenbarte all deine Schande.
Von einem kärglichen Futter in der Freßscherbe bis zum anderen maßest du die Zeit. Vor Hitze verdorrte die Malve auf dem Hof. Die Sonne, der Feuerhund, hatte ihren roten Schlund geöffnet, brannte auf dich herunter mit ihrer sengenden Glut. Du konntest deinen räudigen Pelz nicht abwerfen – du hecheltest – lagst neben deiner Hütte wie tot, nur deine Zunge, die hin und her zitterte, zeigte Leben.
Da aber kam – du erinnerst dich – ein unansehnliches, pickliges Menschenwesen auf den Hof. Du vergaßest alles, sprangst wütend auf, das Halsband zerrte, daß du fast ersticktest; du röcheltest, belltest mit Schaum vor dem Maul: der Picklige war ja ein Fremder, dem Herrn nicht wohlgesonnen, auch wenn er mit ihm zusammen den Hühnerstall, das Tor, die Remise besichtigte.
Dann sahst du den grauhaarigen Herrn nicht mehr: du wußtest nicht wie, er war verschwunden, so wie jeden Abend die Sonne hinter der Remise verschwand. Am anderen Morgen – du erinnerst dich? – brachte dir die Freßscherbe eben dieser, der Picklige; in der Freßscherbe war ein angegangenes Stück Fleisch. Du verschlangst es mit gierigem Knurren, und den Bauch durch den Staub schleppend, krochst du ihm wie ein Wurm entgegen und lecktest ihm die Hände, demselben, den du gestern wütend anbelltest mit Schaum vor dem Maul: denn er, der Picklige, war groß, er herrschte jetzt über die Freßscherbe. Und ist es nicht gleich, wer dein Herr ist? Wenn nur die verfluchte Freßscherbe voll ist.

Dein neuer Herr war ein Spaßmacher. Die Abende – du erinnerst dich? Aus dem Stall roch es nach warmer Milch, die Hühner rückten sich plusternd auf ihrer Stange zurecht, dich aber neckte man mit einem Stückchen Zucker, rief: »mach schön!« Als wäre es der Himmel, blicktest du mit deinen Menschenaugen auf das speichelbedeckte Stückchen Zucker, und, mit der Kette klirrend, tanztest du ungeschickt auf den Hinterpfoten nur wegen des speichelbedeckten Stückchens Zucker. Du erinnerst dich an diese Abende? Die Kuh seufzte fromm über ihrem Futter, zerkaute das süße Rübenkraut. Doch dich ließ man zum Spaß von der Kette, hetzte dich auf die Katze: »fang sie!« Du erinnerst dich, du wirst es niemals vergessen: einmal hatte sich die Katze in einem Spalt zwischen dem Erdboden und dem Zaun verfangen – ein Sprung – und knurrend, den Kopf schüttelnd, verbissest du dich in ihrem Bauch. Der Picklige lachte, im Hühnerstall schnatterten die aufgescheuchten Gänse, die Truthühner und das andere Geflügel. Dann wurdest du müde. Am Eingang deiner Hütte klirrtest du wieder mit der Kette und lecktest das speichelbedeckte Stückchen Zucker. Aber deine Augen waren zusammengekniffen, man sollte nicht sehen, daß sie Menschenaugen glichen. Die ganze Nacht seufztest du, aber worüber?
Von Freßscherbe zu Freßscherbe maßest du die Zeit. Schon bedeckte sich deine Hundewelt, die Hütte, der Wasserkarren, die Remise mit einem grauen, feuchten, dicken Tuch – dem Herbsthimmel: geduldig ließest du dich naßregnen. Die Sonne kroch hervor, umgeben von drei purpurnen, eiskalten Ringen, rot wie das Blut der totgebissenen Katze. Es schüttelte dich vor Kälte. Du schlepptest ergeben die Eiszapfen in deinem Fell, sie stachen, du konntest nichts dagegen tun – du schlepptest sie ergeben, bis sie von selbst tauten, bis Rinnsale, geschmeidig wie Eidechsen, plätschernd Haufen von Mist vom Hof spülten. Mit deinen Augen, Menschenaugen, richtetest du dich den ganzen Tag nach der Sonne, folgtest der Sonne um die Hundehütte, warst den ganzen Tag auf den Beinen, klirrtest mit deiner Kette. Sie verwickelte sich, verknotete sich an deinem Hals, du zerrtest an ihr, da zerriß die Kette.

Einen Augenblick verharrtest du regungslos, winseltest. Aber dann – durch den Zaun, über die tauenden Schneehaufen mit nassem Bauch; Dampf stieg von dir auf, du rastest wie trunken von der Sonne, von der Freiheit, von dem kaum wahrnehmbaren Geruch feuchter Erde unter dem Schnee. Und irgendwo, unter dem nackten, noch schwarzen Geäst eines Flieders, der sich gegen den dunkelblauen Himmel abhob, irgendwo des Nachts im Winkel einer abgelegenen Seitengasse, auf einem Haufen warmer Asche mit anderen, die wie du trunken von Frühling und Freiheit waren ...

Aber da war keine Freßscherbe, nichts, wonach die Zeit zu messen gewesen wäre. Vielleicht war ein Tag vergangen oder ein Monat. Es war sicher nicht nur ein Tag, denn der Hunger wühlte zu grausam in deinem Gedärm.

Und du erinnerst dich: es war ein Abend voll vom herben Duft knospenden Flieders, auf dem Zaun Dohlen mit ihrem törichten Gekreisch. Vor Hunger waren deine Flanken kahl. Da drücktest du dich durch den klatschnassen Zaun; den Schwanz zwischen die Beine geklemmt, kamst du, geduckt, dich hin und her windend, zurück. Die abgerissene Kette schleifte klirrend hinter dir her.

Auf dem Hof verhöhnte man dich mit Gelächter. Du legtest dich vor der alten Hundehütte nieder, strecktest deinen Hals hin. Und der Picklige zwängte dir ein neues, blitzendes Halsband mit einem fröhlichen Glöckchen um und eine neue Kette. Dann schoben sie dir die Freßscherbe vor das Maul mit einem riesigen Stück faulem Fleisch. Und du erinnerst dich? Du fielst darüber her, fraßest, schlangst, bis du fast platztest.

Der Picklige klopfte dir gnädig den Hals; du wälztest dich auf den Rücken, zappeltest mit allen vieren, dabei klirrte die Kette mit dem fröhlichen Glöckchen am Halsband. Du lecktest dem Herrn die Hände, fraßest dich gierig voll, bis du dich nicht mehr rühren konntest. Was bedeutete schon die Kette. Schließlich warst du der Hofhund.

Du hast keine Worte. Du kannst nur winseln, wenn man dich schlägt, und schnaufend an einem Knochen nagen, wenn es der

Herr befiehlt; und nachts den grünlich grämlichen Mond anheulen.
Aber warum hast du so wundervolle Augen? Warum liegt auf ihrem Grund eine so tiefe, menschliche, traurige Weisheit?

1917

Die Höhle

Eisberge, Mammute, Einöden. Nächtliche, schwarze, an Häuser erinnernde Felsen. In den Felsen sind Höhlen, und man weiß nicht, wer nachts auf dem Steinpfad zwischen den Felsen trompetet und, die Spur schnüffelnd, den weißen Schneestaub aufwirbelt, vielleicht ein graurüsseliges Mammut, vielleicht der Wind, vielleicht ist auch der Wind das eisige Geheul eines Über-Mammuts. Eines ist sicher: es ist Winter, und man muß die Zähne noch fester zusammenbeißen, damit sie nicht klappern. Man muß Holz mit dem Steinbeil spalten, man muß die ganze Nacht das Feuer von einer Höhle in die andere tragen, immer tiefer hinein in den Felsen. Und man muß immer mehr zerlumpte Tierhäute um sich wickeln.

Zwischen den Felsen, wo Ewigkeiten früher Petersburg war, trottet nachts das graurüsselige Mammut. Und eingehüllt in Felle, Decken und Lumpen ziehen die Höhlenmenschen von Höhle zu Höhle. In der Pokrow-Straße zerhackten Martin Martinytsch und Mascha das Arbeitszimmer; in der Kasan-Straße zogen sie aus dem Eßzimmer und verschanzten sich im Schlafzimmer. Weiter zurück geht es nicht mehr. Hier müssen sie die Belagerung aushalten oder sterben.

In dem Petersburger Höhlenschlafzimmer sieht es aus wie unlängst in der Arche Noah – von der Flut durcheinandergebracht, reine und unreine Wesen: ein Schreibtisch aus Mahagoni, Bücher, uralte, steinhart gebrannte Fladen, Skrjabin Opus 74, ein Bügeleisen, fünf Kartoffeln mit liebevoll weißgewaschener Schale, die Nickelgitter der Betten, eine Axt, ein Frisiertisch, Brennholz. Und im Zentrum dieser Welt kurzbeinig, mit rötlichem Rost bedeckt, untersetzt, gierig: der Höhlengott – der eiserne Ofen.

Der Gott singt laut. In der dunklen Höhle ist er das große, feurige Wunder. Die Menschen, Martin Martinytsch und Mascha, strecken ihm beglückt mit dankbarem Schweigen die Hände entgegen. Auf eine Stunde ist in der Höhle Frühling. Auf eine Stunde werfen sie die Tierfelle ab, die Krallen, die Hauer, und durch die vereiste Hirnschale sprießen grüne Hälmchen – die Gedanken.

»Mart, du hast vergessen, daß morgen... nun, ich sehe, du hast es vergessen!«

Im Oktober, wenn die Blätter schon gelb sind und glanzlos und welk, kann es Tage geben, an denen der Himmel blauäugig strahlt; wenn man an einem solchen Tag den Kopf zurückwirft, um die Erde nicht mehr zu sehen, kann man glauben: noch herrscht Freude, noch ist Sommer. So ist es mit Mascha: die Augen schließen und ihr zuhören, dann kann man glauben, sie sei die frühere, gleich wird sie lachen, sie wird vom Bett aufstehen und ihn umarmen, und vor einer Stunde – wie wenn ein Messer über Glas fährt... – das war nicht ihre Stimme, überhaupt nicht sie selbst.

»Ach Mart, Mart, wie alles... früher hast du es nicht vergessen. Der Neunundzwanzigste: der Tag der Maria, mein Namenstag.«

Der eiserne Gott singt noch! Licht gibt es wie gewöhnlich nicht. Es geht erst um zehn an. Die dunklen Wölbungen der Höhle schwanken ungewiß. Martin Martinytsch hat sich hingehockt, ein immer enger und enger zusammengeschnürtes Bündel. Er wirft den Kopf zurück und blickt in den Oktoberhimmel, um nicht die verwelkten, matten Lippen zu sehen. Da sagt Mascha:

»Denke doch, Mart, wenn wir morgen von früh an heizen könnten, daß es den ganzen Tag wie jetzt wäre. Wieviel haben wir noch? Es muß doch ungefähr noch ein halber Klafter im Arbeitszimmer sein?«

Bis zu dem Polararbeitszimmer kann Mascha schon lange nicht mehr gehen und weiß nicht, daß dort... noch enger den Knoten um das Bündel, noch enger.

»Ein halber Klafter? Mehr! Ich glaube, dort...«

Plötzlich Licht. Es ist genau zehn. Ohne den Satz zu beenden,

kneift Martin Martinytsch die Augen zu. Er wendet sich ab. Im Licht ist es schwerer als im Dunkel. Und bei Licht ist deutlich zu sehen: sein Gesicht ist zerfurcht, lehmgrau. (Viele haben jetzt lehmgraue Gesichter: zurück – zu Adam.) Mascha sagt:
»Weißt du, Mart, ich könnte versuchen – vielleicht kann ich aufstehen, wenn du vom Morgen an heizt.«
»Sicher, Mascha, sicher... solch ein Tag... selbstverständlich, vom Morgen an.«
Der Höhlengott wird still, sinkt in sich zusammen, knistert kaum noch, erlischt. Man hört: unten bei den Obertyschews spalten sie mit dem Steinbeil Holz, das von einer Barke stammt. Mit dem Steinbeil spalten sie auch Martin Martinytsch: eine Hälfte Martin Martinytschs lächelt lehmgrau zu Mascha und mahlt auf der Kaffeemühle getrocknete Kartoffelschalen für Fladen, die andere Hälfte Martin Martinytschs ist wie ein Vogel, der sich aus der Freiheit in ein Zimmer verflogen hat: er stößt sich sinnlos, blind an den Scheiben, den Wänden – wo könnte Holz sein, wo könnte Holz sein, wo könnte nur Holz sein.
Martin Martinytsch zieht den Mantel an und bindet einen Ledergürtel um (die Höhlenbewohner glauben an den Mythos, daß der Mantel dadurch wärmer hält), in der Ecke bei dem Frisiertisch klappert er mit dem Eimer:
»Wohin gehst du, Mart?«
»Nach unten, Wasser holen.«
Auf der dunklen, von Wasserspritzern vereisten Treppe bleibt Martin Martinytsch stehen, schwankt, stöhnt und geht mit dem an der Kette scheppernden Eimer nach unten zu den Obertyschews. Bei ihnen läuft das Wasser noch. Obertyschew selbst öffnet die Tür. In einen Mantel gehüllt, um den er einen Bindfaden gebunden hat, lange nicht rasiert, gleicht sein Gesicht einer Steppe, die mit rötlichem, staubbedecktem Gras bewachsen ist. Durch das Steppengras scheinen gelbe, steinerne Zähne, und zwischen den Zähnen, wie ein flüchtiges Eidechsenschwänzchen, wird ein Lächeln sichtbar.

»Ah, Martin Martinytsch, Sie kommen nach Wasser? Bitte, bitte, bitte.«
In dem engen Verschlag zwischen der äußeren und inneren Tür kann man sich mit dem Eimer nicht umdrehen. In diesem Verschlag liegt das Holz der Obertyschews. Der lehmgesichtige Martin Martinytsch stößt sich mit der Seite an einem Stück Holz. Es gibt im Lehm eine tiefe, schmerzhafte Druckstelle und eine noch tiefere im dunklen Korridor, an der Ecke einer Kommode.
Durch das Speisezimmer. Im Speisezimmer sitzen das Obertyschewweibchen und drei Obertyschewjunge. Das Weibchen bedeckt hastig eine Schüssel mit einer Serviette. Da ist ein Mensch aus einer anderen Höhle, Gott weiß, vielleicht wird er sich plötzlich auf sie stürzen und ihr die Schüssel entreißen.
In der Küche öffnet Obertyschew den Hahn und lächelt mit seinen steinernen Zähnen.
»Nun, wie geht es Ihrer Frau? Wie geht es Ihrer Frau, Ihrer Frau?«
»Ach, Aleksei Iwanytsch, immer dasselbe, schlecht. Und morgen ist ihr Namenstag, und ich habe nichts zu heizen.«
»Aber Martin Martinytsch, haben Sie denn schon alles verbraucht: Stühle, Schränke… auch Bücher. Bücher brennen ganz ausgezeichnet.«
»Aber Sie wissen doch: die Möbel in der Wohnung gehören nicht uns, nur das Klavier.«
»Ach so, ach so, ach so, bedauerlich, sehr bedauerlich.«
In der Küche hört man den Vogel, der sich verflogen hat: er schlägt mit den Flügeln, flattert nach rechts, nach links und plötzlich mit verzweifeltem Ansatz mit der Brust gegen die Wand.
»Aleksei Iwanytsch, ich wollte… Aleksei Iwanytsch… kann ich nicht bei Ihnen… vielleicht fünf oder sechs Scheite…«
Gelbe, steinerne Zähne im Steppengras. Gelbe Zähne wachsen aus den Augen, Zähne bedecken den ganzen Obertyschew – gelbe, lange Zähne.
»Aber ich bitte sie, Martin Martinytsch, ich bitte Sie. Wir ha-

ben selbst... Sie wissen, wie jetzt alles ist, Sie wissen selbst, Sie wissen selbst.«

Den Knoten noch enger schnüren, enger, noch enger. Martin Martinytsch gibt sich einen Ruck, nimmt den Eimer auf – und durch die Küche, durch den dunklen Korridor, durch das Eßzimmer. An der Schwelle des Eßzimmers gibt ihm Obertyschew auf einen Augenblick eine flüchtige Eidechsenhand.

»Nun, n'Abend, Martin Martinytsch, aber vergessen Sie nicht: die Tür fest zuschlagen, vergessen Sie es nicht, beide Türen, beide, beide, sonst wird es überhaupt nicht warm.«

Auf dem dunklen, vereisten Vorplatz stellt Martin Martinytsch den Eimer ab, dreht sich um und schlägt fest die erste Tür zu. Er lauscht, er hört nur ein trockenes, knöchernes Zittern in sich und seinen zitternden kurzen, in punktweisen Stößen gehenden Atem. Im engen Verschlag zwischen den beiden Türen streckt er die Hand aus und fühlt – ein Scheit und noch eins, noch eins... nein! Er reißt sich zusammen, zwängt sich auf den Vorplatz, schließt die Tür. Jetzt noch einmal fester zuschlagen, damit das Schloß einschnappt...

Und da – hat er nicht die Kraft dazu. Er kann nicht vor Mascha das Morgen zuschlagen. Und auf der Linie, die von den kaum wahrnehmbaren Punkten seines stoßweisen Atems gezeichnet ist, ringen zwei Martin Martinytschs auf den Tod miteinander: der eine, der ehemalige mit Skrjabin, der weiß, man darf nicht – und der neue, der Höhlenbewohner, der weiß, man muß. Der Höhlenbewohner knirscht mit den Zähnen, zermalmt, zerdrückt – Martin Martinytsch bricht sich beim Öffnen der Tür die Nägel ab, langt mit der Hand in das Holz... ein Scheit, das vierte, das fünfte, unter den Mantel, hinter den Gürtel, in den Eimer – er schließt die Tür – und nach oben mit großen, tierhaften Sprüngen. Auf der Treppe, auf einer vereisten Stufe, bleibt er plötzlich stehen, preßt sich an die Wand. Unten hat die Tür geklappt, er hört die belegte Stimme Obertyschews: »Wer ist dort, wer ist dort, wer ist dort?«

»Ich bin es, Aleksei Iwanytsch, ich... ich hatte die Tür vergessen... ich wollte... ich kam zurück, um die Tür fester...«

»Sie? Hm... das dürfen Sie nicht machen. Passen Sie besser auf. Es wird jetzt so viel gestohlen. Sie wissen selbst, Sie wissen selbst. Wie konnten Sie so?«

Der Neunundzwanzigste. Vom Morgen an ein niedrighängender, löcheriger Flauschhimmel. Durch die Löcher stürzt Eis. Aber dem Höhlengott wurde vom Morgen an der Bauch gefüllt, vom Morgen an singt er gnädig, und wenn es auch Löcher im Himmel gibt und wenn auch der mit Zähnen überwachsene Obertyschew die Scheite zählt, soll er, es ist gleich, es darf nur ein Heute geben, »Morgen« ist ein unfaßbarer Begriff in der Höhle. Nur nach einer Ewigkeit werden ihre Bewohner wissen, was »Morgen«, was »Übermorgen« bedeutet.

Mascha ist aufgestanden, in einem unsichtbaren Wind schwankend, kämmt sie ihr Haar wie früher: über die Ohren, den Scheitel in der Mitte – noch einmal flattert das letzte, vergilbte Blatt am kahlen Baum hin und her. – Aus dem Mittelkasten des Schreibtisches nimmt Martin Martinytsch Papiere, Briefe, ein Thermometer, ein blaues Fläschchen (er schiebt es hastig wieder zurück, damit es Mascha nicht sieht) – und holt endlich aus dem letzten Winkel ein schwarzes Lackkästchen. Darin ist noch ein wenig echter, ja wirklich, ganz echter Tee. Sie trinken echten Tee... Martin Martinytsch wirft den Kopf zurück und hört eine Stimme, die der früheren ähnelt:

»Mart, erinnerst du dich, mein kleines, blaues Zimmer und das Klavier mit dem Überzug, und auf dem Klavier ein Holzpferdchen, ein Aschenbecher, ich spielte und wendete dir den Rücken zu, und du tratest zu mir...«

Ja, an diesem Abend entstand eine Welt, die sonderbare, weiße Schnauze des Mondes, das Nachtigallentrillern der Klingeln im Korridor...

»Und erinnerst du dich, Mart, das Fenster stand offen, ein grüner Himmel, und von unten aus einer anderen Welt der Leiermann...

Leiermann, wunderbarer Leiermann, wo bist du?

Und am Ufer – erinnerst du dich? – die Zweige waren noch kahl, das Wasser schimmerte rötlich, eine letzte, blaue Eisscholle schwamm an uns vorüber wie ein Sarg. Und wir mußten lachen über den Sarg, weil wir doch niemals sterben würden. Erinnerst du dich?«

Unten fangen sie an, mit der Steinaxt Holz zu hacken. Plötzlich hören sie auf: Herumlaufen, Geschrei. Und in zwei Hälften gespalten, sieht Martin Martinytsch mit einer Hälfte den unsterblichen Leiermann, das unsterbliche, hölzerne Pferdchen, die unsterbliche Eisscholle, und mit der anderen, in kurzen Stößen atmend, zählt er zusammen mit Obertyschew die Holzscheite. Jetzt hat Obertyschew durchgezählt, jetzt zieht er den Mantel an, jetzt wirft er, ganz überwachsen von Zähnen, die Tür zu und...

»Warte, Mascha, es scheint, es scheint, es hat bei uns geklopft.«

Nein, niemand. Noch ist niemand da. Noch kann er atmen, noch kann er den Kopf zurückwerfen, der Stimme zuhören, die ganz der früheren gleicht. –

Es dämmert. Der neunundzwanzigste Oktober ist alt geworden. Unverwandte, trübe, greisenhafte Augen der Dämmerung, und alles zieht sich zusammen, beugt sich, krümmt sich unter ihrem unverwandten Blick. Auch die Decke scheint sich zu krümmen und herunterzusenken: die Sessel, der Schreibtisch, Martin Martinytsch, die Betten werden flach – und auf dem Bett ganz flach wie eine papierene Hülle – Mascha.

In der Dämmerung kommt Selichow, der Hausobmann. Früher war er ein Mann von sechs Pud, jetzt ist er auf die Hälfte zusammengeschrumpft, er hängt im Gehäuse seines Jacketts wie die Nuß in einer Kinderrassel. Aber wie früher hat er sein lautes Lachen.

»Hallo, Martin Martinytsch, als erstes, als zweites, herzlichste Glückwünsche für Ihre Gattin, ich gratuliere Ihrer Gattin zum allerhöchsten Namenstag. Aber sagen Sie, sagen Sie... Mir hat Obertyschew gemeldet...«

Martin Martinytsch reißt es vom Sessel hoch, aufgeregt überstürzt er sich etwas zu sagen, nur schnell irgend etwas zu sagen...

»Möchten Sie Tee? Sofort – diesen Augenblick – wir haben heute echten. Denken Sie, echten. Eben habe ich…«
»Tee? Ach wissen Sie, ich würde Sekt vorziehen. Sie haben keinen? Aber so was, pfui, pfui, pfui. Denken Sie, vorgestern habe ich mit einem Freund aus Hoffmannstropfen Schnaps gebraut. Das war ein Spaß! Er hat ein bißchen zuviel getrunken. Er sagte: ›Ich bin Sinowjew[1], auf die Knie!‹ War das komisch. Dann bin ich nach Hause gegangen. Auf dem Marsfeld kam mir ein Mensch, nur mit einem Jackett bekleidet, entgegen. ›Du lieber Gott, was ist mit Ihnen los‹, sagte ich, ›nichts‹, sagte er, ›man hat mich eben ausgezogen. Ich gehe nach Hause auf die Wasilew-Insel.‹ War das komisch!«
Zusammengefallen, papierdünn lacht Mascha auf dem Bett. In ein noch engeres Bündel zusammengeschnürt, lacht Martin Martinytsch immer lauter, um Selichow mit seinen Witzen hinzuhalten, damit er nur nicht aufhört, damit er nur nicht aufhört, damit er noch über irgend etwas…
Selichow hört auf, schnauft kurz, verstummt. In seinem Jackengehäuse schaukelt er nach rechts und links; er steht auf.
»Nun, geben Sie mir Ihre Hand, Festtagskind! H. d. E.[2] Wie, Sie kennen das nicht? Das heißt in ihrer Sprache: habe die Ehre – H. d. E. Ist das nicht komisch?«
Er lärmt im Korridor, im Vorzimmer. Die letzte Sekunde: gleich wird er weggehen, oder…
Der Boden schwankt kaum merklich, er dreht sich unter Martin Martinytschs Füßen. Lehmig lächelnd hält sich Martin Martinytsch am Türpfosten. Selichow schiebt schnaufend die Füße in riesige Überschuhe.
In den Überschuhen, dem Pelz – ein Mammut – richtet er sich auf, hält den Atem an.
Dann ergreift er schweigend Martin Martinytschs Arm, schweigend öffnet er die Tür zum Polararbeitszimmer, schweigend setzt er sich auf den Diwan.
Der Fußboden im Arbeitszimmer ist wie eine Eisscholle; sie birst – es ist kaum zu hören –, treibt vom Ufer ab und trägt, sich hin und her drehend, Martin Martinytsch davon. Vom weitent-

fernten Diwanufer kann er Selichows Stimme kaum noch vernehmen.
»Erstens und zweitens, mein Herr, muß ich Ihnen sagen: am liebsten würde ich diesen Obertyschew wie eine Nisse... aber Sie wissen es selbst: wenn er offiziell Anzeige erstattet, wenn er sich beschwert, muß ich morgen zum Gericht gehen. Diese Nisse! Ich kann Ihnen nur das eine raten: heute noch – jetzt gleich – zu ihm, und drücken Sie ihm den Hals mit den Holzscheiten zu!«
Die Eisscholle dreht sich immer schneller. Winzig klein, plattgedrückt, kaum sichtbar, ein kleiner Span, spricht Martin Martinytsch mit sich selbst – nicht über die Scheite, die Scheite – was bedeuten die schon – nein, über etwas anderes:
– nun gut, heute, jetzt gleich... –
»Ausgezeichnet, ausgezeichnet. Er ist so eine Nisse, so eine Nisse, sage ich Ihnen.«
In der Höhle ist es noch dunkel. Lehmgesichtig, kalt, blind stößt sich Martin Martinytsch, ohne es zu bemerken, an Gegenständen – sie liegen in der Höhle herum wie von einer Flut durcheinandergespült. Er seufzt. Eine Stimme, ähnlich der Maschas, der früheren...
»Was hast du mit Selichow gesprochen? Was? Über die Zuteilungskarten? Ach ja, Mart, ich habe beim Liegen immer nur gedacht, wenn ich doch ganz schnell irgendwohin könnte, in die Sonne... ach, wie laut du bist, als ob du absichtlich... du weißt doch, ich kann nicht, ich kann nicht, ich kann nicht.«
Wie wenn ein Messer über Glas fährt... Aber das ist jetzt gleich. Seine Hände und Füße bewegen sich mechanisch. Um sie zu heben und zu senken, braucht er Ketten, eine Winde wie Schiffshebebäume. Doch ein Mensch allein kann sie nicht drehen. Drei sind dazu nötig. Mühsam, die Ketten schleppend, setzt Martin Martinytsch, um den Teekessel aufzuwärmen, eine Kasserolle auf den Ofen, in den er die letzten Scheite von Obertyschew wirft.
»Hörst du, ich rede mit dir. Warum schweigst du, hörst du?«

Das ist nicht Mascha, nein, das ist nicht ihre Stimme. Immer langsamer bewegt sich Martin Martinytsch, die Beine bleiben in losem Sand stecken, es wird immer schwerer, die Winde zu drehen. Plötzlich reißt die Kette von irgendeinem Rad ab, der Hebel, die Hand fällt zu Boden, stößt ungeschickt an den Teekessel, die Kasserolle, alles klirrt auf den Boden, der Höhlengott zischt wie eine Schlange. Und von jenseits, vom weitentfernten Ufer, vom Bett eine fremde, schneidende Stimme:

»Das hast du absichtlich getan! Geh weg! Gleich! Ich brauche niemanden, nichts, nichts, nichts, geh weg!«

Der neunundzwanzigste Oktober ist gestorben, es starben der unsterbliche Leiermann, die Eisscholle auf dem vom Sonnenuntergang rötlichen Wasser, und auch Mascha ist gestorben. Es ist gut und notwendig, daß es kein glaubhaftes Morgen gibt, keinen Obertyschew und keinen Selichow, keine Mascha und keinen Martin Martinytsch, es ist gut, daß bald alles zu Ende sein wird.

Mechanisch verrichtet Martin Martinytsch noch dieses und jenes. Vielleicht, daß er von neuem den Ofen anzündet, das Verschüttete in die Kasserolle sammelt und das Wasser im Teekessel zum Kochen bringt: vielleicht sagt er auch Mascha etwas – er hört es nicht; er fühlt nur dumpf die wunden Stellen, die irgendwelche Worte, die Ecken des Frisiertisches, die Ecken der Stühle, des Schreibtisches in seinem Lehmkörper hinterlassen haben.

Martin Martinytsch nimmt langsam ein Bündel Briefe, ein Thermometer, ein Stück Siegellack, das Schächtelchen mit Tee und von neuem Briefe aus dem Schreibtisch; als letztes holt er von irgendwoher, aus dem untersten Fach ein dunkelblaues Fläschchen.

Zehn Uhr: das elektrische Licht wird eingeschaltet: ein nacktes, grelles, weißes, unerbittliches Licht wie das Leben, die Höhle, der Tod. Und ebenso unerbittlich neben dem Bügeleisen, dem Opus 74, den Fladen – das blaue Fläschchen.

Der eiserne Ofen bullert gnädig, genährt vom gelblich-pergamentfarbenen, hellblauen, weißen Papier der Briefe. Der Teekessel bringt sich leise in Erinnerung: er klopft an den Deckel. Mascha wendet sich um:

»Hat der Tee gekocht? Mart, Lieber, gib mir...«

Eine Sekunde, durchbohrt von dem harten, nackten, grausamen elektrischen Licht – und sie hat alles erfaßt: den vor dem Ofen hockenden Martin Martinytsch; auf den Briefen – den rötlichen Schein wie Wasser beim Sonnenuntergang, und dort – das blaue Fläschchen.

»Mart! Du... du willst...«

Stille. Gleichmütig summt der eiserne Ofen vor sich hin, unsterbliche, bittere, zärtliche, weiße, blaue Worte verschlingend. Und so einfach, wie sie um Tee bat:

»Mart, Lieber, gib es mir!«

Martin Martinytsch lächelt wie abwesend:

»Aber du weißt doch, Mascha, das dort reicht nur für einen.«

»Mart, mich gibt es doch nicht mehr; das bin doch nicht mehr ich, ich werde ja doch bald... Mart, so verstehe doch – Mart, habe Mitleid mit mir, Mart!«

Ach, dieselbe Stimme – dieselbe Stimme... Und wenn er jetzt den Kopf nach oben würfe...

»Mascha, ich habe dir nicht die Wahrheit gesagt. Wir haben im Arbeitszimmer kein einziges Scheit mehr. Und ich bin zu Obertyschew gegangen, dort zwischen den Türen... ich habe gestohlen, verstehst du? Und Selichow hat mir... ich soll die Scheite sofort zurückbringen, aber ich habe alles verbrannt, alles. Ich rede nicht von den Scheiten, was sind Scheite, was sind sie schon? Du verstehst doch!«

Gleichmütig dämmert der eiserne Gott dahin. Verlöschend schwanken kaum merklich die Wölbungen der Höhle, und kaum merklich schwanken Häuser, Felsen, Mammute, Mascha.

»Mart, du liebst mich doch noch... ach, Mart, erinnere dich. Mart, Lieber, gib mir!«

Das unvergeßliche Holzpferd, der Leiermann, die Eisscholle. Und diese Stimme... Mühsam erhebt sich Martin Martinytsch

von den Knien. Mühsam dreht er die Winde, nimmt das blaue Fläschchen vom Tisch und gibt es Mascha.
Sie wirft die Decke zurück, setzt sich im Bett auf, rosig, voller Leben, unvergeßlich wie damals das Wasser beim Sonnenuntergang, sie ergreift das Fläschchen, sie lacht:
»Siehst du, es war nicht umsonst, daß ich mich so oft von hier weggewünscht habe. Zünde die Lampe an, hier auf dem Tisch. Gut – jetzt lege noch im Ofen nach. Ich möchte, daß das Feuer...«
Ohne aufzublicken, sucht Martin Martinytsch das restliche Papier aus dem Schreibtisch zusammen und wirft es in den Ofen.
»Jetzt geh ein bißchen spazieren. Ich glaube, draußen ist Mondschein. Mein Mond – weißt du noch? – Vergiß nicht, nimm den Schlüssel mit, sonst, wenn die Tür zu ist...«
Nein, der Mond scheint nicht. Tiefe, dunkle, lastende Wolken wie Wölbungen einer ungeheuren, lautlosen Höhle. Enge, endlose Durchgänge zwischen den Wänden, an Häuser erinnernde, dunkle, vereiste Felsen, und in den Felsen tiefe, rötlich erleuchtete Löcher. Dort, in den Löchern neben dem Feuer kauern Menschen. Ein leichter, eisiger Wind bläst weißen Staub unter den Füßen auf, und, allen vernehmbar, im weißen Staub, zwischen den Eisklumpen, durch die Höhlen mit den hingekauerten Menschen, dröhnt der schwere, gleichmäßige Tritt des Über-mammuts.

1920

1 *Sinowjew, Grigori Jewsejewitsch* (eigentl. Radomyslski bzw. Hirsch Apfelbaum) (1883–1936). Bolschewik, engster Mitarbeiter von Lenin. 1919–1927 Vorsitzender der Komintern. 1925/26 Führer der linken »Leningrader Opposition«. 1926–1928 in Koalition mit Trotzki, 1927 Parteiausschluß. 1935 verhaftet und 1936 nach zwei Schauprozessen hingerichtet.
2 Selichow spielt auf die vielen Abkürzungen im Parteijargon an. Im russischen Original steht an dieser Stelle tschik (tschest imeju klanjatsja) – hab die Ehre einzuschlagen.

Mamai

Am Abend und in der Nacht gibt es in Petersburg keine Häuser mehr, sondern nur noch sechsstöckige, steinerne Schiffe. Jedes dieser sechsstöckigen Schiffe fährt als einsame Welt für sich durch steinerne Wellen neben anderen, ebenso einsamen, sechsstöckigen Welten. Und jedes Schiff leuchtet in dem aufgewühlten, steinernen Straßenozean Petersburg mit den unzähligen Lichtern seiner Kajüten. Und natürlich gibt es in den Kajüten keine Wohnungsinhaber, sondern nur Passagiere. Wie auf einem Schiff sind alle miteinander bekannt und auch nicht bekannt; alle gehören jedoch zusammen als Bürger einer im nächtlichen Ozean belagerten, sechsstöckigen Republik.

Die Passagiere des steinernen Schiffes Nr. 40 fuhren abends durch den Teil des Petersburger Ozeans, der nach dem Stadtplan Lachta-Straße genannt wird. Der frühere Portier Osip – heute der Bürger Malafejew – stand am Fallreep für Herrschaften und blickte durch seine Brille in das Dunkel, denn die Wellen spülten nach und nach die Passagiere seines Schiffes heran. Naß und mit Schnee bestäubt zog er einen nach dem anderen aus dem Dunkel, und nachdem er seine Brille auf der Nase zurechtgerückt hatte, begrüßte er jeden mit dem ihm nach seiner Meinung zustehenden Grad von Ehrerbietung. Irgendwie durch einen komplizierten Mechanismus geregelt, hing dieser Grad mit dem Sitz seiner Brille zusammen.

Die Brille war, wie bei einem strengen Lehrer, auf die Nasenspitze gerutscht, denn es erschien Peter Petrowitsch Mamai:

»Peter Petrowitsch, Ihre Gattin erwartet Sie dringend zum Abendessen. Die Frau Gemahlin ist schon bei mir gewesen, ganz verzweifelt. Warum kommen Sie auch so spät?«

Dann saß die Brille wie zur Verteidigung fest auf dem Nasenrücken: der langnasige Mieter der Wohnung Nr. 25 war im Auto vorgefahren. Dieser Langnasige bedeutete ein Problem: mit »Herr« durfte man ihn nicht anreden, mit »Genosse« wollte es sich auch nicht recht schicken. Denn das würde aussehen, als ob...

»Ach, Herr Genosse Mylnik! Ein Wetter ist das heute, Herr Genosse Mylnik, wirklich unangenehm.«

Endlich wurde die Brille ganz nach oben auf die Stirn geschoben. An Bord des Schiffes erschien Jelisei Jeliseitsch.

»Gott sei Dank, Sie sind heil zurück; sogar im Pelz – man hat Sie nicht beraubt. Erlauben Sie! Ich werde ihn etwas abschütteln.«

Jelisei Jeliseitsch war der Kapitän des Schiffes, der Hausbevollmächtigte. Jelisei Jeliseitsch glich einer jener düster blickenden Atlasfiguren, die gebeugt, mit leidend verzogenen Mienen, schon siebzig Jahre das Gesims der Eremitage entlang der Millionnaja-Straße tragen.

Heute war offensichtlich das Gesims schwerer denn je. Jelisei Jeliseitsch keuchte:

»Laufen Sie schnell durch die Wohnungen und rufen Sie alle zu einer Versammlung in den Klub.«

»Lieber Gott, Jelisei Jeliseitsch, gibt es wieder etwas... Unangenehmes?«

Doch eine Antwort erübrigte sich; man brauchte nur auf die leidend gefurchte Stirn, auf die wie von schweren Gewichten heruntergedrückten Schultern des Kapitäns zu sehen. Geschickt wie ein Virtuose rückte der Bürger Malafejew seine Brille zurecht, und dann gab er im ganzen Haus Alarm. Sein Pochen an den Türen wirkte wie die Posaune des Erzengels: Umarmungen erstarrten, Streitigkeiten wurden zu schwebenden Rauchwölkchen wie nach dem Abschuß einer Kanone, ein Löffel mit Suppe blieb auf dem Weg zum Mund in der Luft hängen.

Die Suppe aß Peter Petrowitsch Mamai, oder genauer, er wurde von seiner Gattin mit strenger Miene gefüttert. Hochaufgerichtet und ehrfurchtgebietend im Sessel sitzend, liebevoll, gnädig, vollbusig, einem Buddha ähnlich, fütterte sie das kleine

Menschlein vor ihr mit der Suppe, die sie eigenhändig bereitet hatte.
»Iß schneller, Peterchen, die Suppe wird kalt. Wie oft habe ich dir schon gesagt, daß ich kein Buch beim Essen sehen will.«
»Schon gut, Alenka, ich werde gleich, nun gleich... Aber du mußt verstehen, das ist die sechste Ausgabe von Bogdanowitschs *Duschenka.* Sie ist im Franzosenwinter 1812 fast vollständig verbrannt; man wußte bisher nur von drei Exemplaren. Dies aber ist das vierte, verstehst du? Ich habe es gestern auf dem Sagorodni-Prospekt gefunden.«
Der Mamai des Jahres 1917 eroberte – Bücher. Als zehnjähriger, zaushaariger Junge hatte er den Katechismus gelernt und sich über Schreibfedern gefreut. Damals fütterte ihn die Mutter. Als vierzigjähriger, glatzköpfiger Junge war er Angestellter einer Versicherungsgesellschaft und freute sich über Bücher. Nun fütterte ihn die Gattin. Ein Löffel Suppe wurde dem Buddha als Opfergabe dargebracht, und schon wieder vergaß das geschäftige Menschlein die Vorsehung mit dem Ehering, strich liebevoll tastend über jeden Buchstaben des Buchtitels:
»Genauer Nachdruck der ersten Ausgabe. Mit Genehmigung der Zensur.« Und wie reizend, wie rührend das M auf drei dikken Beinchen...
»Aber Peterchen, was ist nur mit dir. Ich rede mit dir, doch über deinem Buch hörst du nichts. Bist du taub? Es klopft.«
Mit einem Sprung war Peter Petrowitsch im Korridor. In der Tür – eine Brille auf der Nasenspitze.
»Jelisei Jeliseitsch haben befohlen, daß sich alle Mieter im Klub versammeln. Sofort!«
»Eben setzt man sich mit einem Buch hin. Was ist denn los?«
Dem glatzköpfigen Knaben saßen die Tränen im Hals.
»Wie soll ich das wissen? Aber kommen Sie schnell!« Die Kajütentür wurde zugeschlagen, die Brille setzte ihren Weg fort...
Offensichtlich stimmte etwas mit dem Schiff nicht. War es vom richtigen Kurs abgekommen, oder hatte der Schiffsboden ein unsichtbares Loch, und der unheimliche Ozean draußen

würde sich in das Innere ergießen? Irgendwo trommelte man rechts und links aufgeregt an den Kajütentüren; irgendwo auf den halbdunklen, schlecht erleuchteten Treppenabsätzen wurde mit gedämpften Stimmen geflüstert. Man hörte das Klappern eiliger, die Treppe herunterlaufender Sohlen, die alle dem Kajütengemeinschaftsraum, dem Klub des Hauses, zustrebten.

Gewittrige Tabakwolken verhüllten den Himmel aus Stuck. Drückende Heizungsrohrstille, kaum ein Flüstern. Jelisei Jeliseitsch läutete seine Rednerglocke, zog gebeugt seine Stirn in Falten, dann war es in der Stille, als höre man seine Schultern knirschen – er hob das Gesims der unsichtbaren Eremitage auf – und dann brach es von oben auf die Zuhörer herein:

»Meine Herrschaften! Ich habe zuverlässige Nachricht, heute nacht wird eine Haussuchung stattfinden.«

Lärm, das Rücken von Stühlen; hochschießende Köpfe, Finger mit Ringen, Buckel, Bänder, Bärte. Auf den gebeugten Atlas prasselte aus den Tabakwolken ein Guß von Fragen:

»Aber erlauben Sie. Wir müssen...«

»Wie? Auch das Papiergeld?«

»Jelisei Jeliseitsch, ich schlage vor, daß wir das Haustor...«

»In die Bücher, das ist das sicherste, in die Bücher...«

Gebeugt ertrug Jelisei Jeliseitsch den Guß mit steinerner Ruhe. Ohne den Kopf zu wenden (aber vielleicht ließ er sich gar nicht wenden), sagte er zu Osip:

»Osip, wer hat heute Nachtwache?«

Während alle den Atem anhielten, glitt Osips Finger langsam auf dem an der Wand hängenden Plan entlang; es war, als bewegte er sich nicht zwischen Buchstaben, sondern als rückte er die schweren Bücherschränke Mamais!

»Heute ist M an der Reihe, also die Bürger Mamai und Malafejew.«

»In Ordnung. Nehmen Sie Revolver mit, und im Fall, daß eine Durchsuchung ohne Befehl...«

Das zu Stein gewordene Schiff Nr. 40 kämpfte sich auf der Lachta-Straße durch den Sturm. An die erleuchteten Kajüten-

fenster tanzten, pfiffen, prasselten Schneeböen. Irgendwo gab es ein unsichtbares Leck, und man konnte nicht wissen, würde sich das Schiff zum morgendlichen Hafen durchschlagen oder würde es auf Grund gehen? In dem sich schnell leerenden Kajütengemeinschaftsraum drängten sich die Passagiere um den zu Stein gewordenen, unbeweglichen Kapitän:
»Jelisei Jeliseitsch, vielleicht in die Taschen? Man wird doch nicht in den Taschen…«
»Jelisei Jeliseitsch, wenn ich es in die Toilette hänge als – Klosettpapier?«
Die Passagiere huschten von Kajüte zu Kajüte. Dort tat sich Seltsames: man lag auf dem Fußboden, man stöberte unter dem Schrank, blickte verstohlen wie ein Kirchendieb in die Gipsbüste Leo Tolstois, nahm die Großmutter aus dem Rahmen, die fünfzig Jahre lang ungestört lächelnd an der Wand gehangen hatte.
Das sterbliche Menschlein Mamai stand Angesicht zu Angesicht seinem Buddha gegenüber, ängstlich den Blick vor seinem allessehenden, allesdurchdringenden Auge niederschlagend. Seine Arme hingen herab, als gehörten sie gar nicht zu ihm, als brauche es sie nicht, so wie die Pinguine ihre Flügelchen nicht brauchen. Diese Arme störten Mamai schon vierzig Jahre, und wenn sie ihn jetzt nicht gestört hätten, wäre ihm viel leichter gewesen zu sagen, was gesagt werden mußte. So schien das Bekenntnis schrecklich, kaum auszudenken:
»Ich weiß nicht; du hast vor etwas Angst. Sogar deine Nase ist weiß geworden. W-a-s sollen wir haben? Was für Tausende?«
Gott weiß, wenn der Mamai aus dem Jahr 1300 und soundsoviel ebensolche, ihm nicht zugehörigen Arme gehabt hätte, ein ebensolches Geheimnis und eine ebensolche Gattin, dann hätte er vielleicht ebenso gehandelt wie der Mamai des Jahres 1917: irgendwo in der gewittrigen Stille nagte in ihrem Winkel eine Maus; dorthin rettete sich der Mamai des Jahres 1917 mit seinem Blick, er verkroch, verbarrikadierte sich förmlich in dem Mauseloch. Dann sagte er:
»Ich habe… das heißt, wir haben – Viertausendzweihundert.«

»Wa-as, du hast so viel Geld, woher denn in Gottes Namen?«
»Ich, ich habe die ganze Zeit... ich habe dabei jedesmal vor dir Angst gehabt...«
»Das heißt, du hast gestohlen, mich betrogen! Und ich, ich Unglückliche dachte, daß mein Peterchen... Ich Unglückliche.«
»Es war doch – für Bücher...«
»Ja, ich weiß, Bücher, die Röcke anhaben. Sei still!«
Der zehnjährige Mamai hatte in seinem Leben nur ein einziges Mal Prügel von der Mutter bekommen. Das geschah, als er den Hahn des eben aufgestellten Samowars aufdrehte und das kochende Wasser herausfloß und die Lötung schmolz, so daß der Hahn nur noch traurig daran herunterhing. Nun war es Mamai das zweite Mal in seinem Leben, als habe die Mutter wieder seinen Kopf unter den Arm geklemmt, als seien die Hosen schon heruntergezogen und...
Doch plötzlich wußte Mamai mit jungenhafter List, wie er um den traurig herunterhängenden Hahn, das heißt, um die Viertausendzweihundert, herumkommen könnte. Mit kläglicher Stimme sagte er:
»Ich bin heute an der Reihe mit der Wache bis um vier Uhr morgens. Mit dem Revolver. Und Jelisei Jeliseitsch hat gesagt, wenn jemand ohne amtlichen Auftrag...«
Im gleichen Augenblick stand nicht mehr der funkensprühende Buddha, sondern die vollbusige, barmherzige Mutter vor ihm.
»Lieber Gott, sind die denn verrückt geworden? Das verdanken wir diesem Jelisei Jeliseitsch... Sieh mich an – bilde dir nur nicht ein...«
»Ich habe ihn ja nur in der Tasche. Ich kann doch gar nicht schießen. Nicht mal einer Fliege...«
Das stimmte. Wenn Mamai eine Fliege in das Glas geriet, nahm er sie vorsichtig heraus, blies sie an, bis sie trocken war, und ließ sie frei – nun fliege. Nein, es war nicht der Revolver, der ihn ängstigte, es waren die Viertausendzweihundert.
Jetzt sprach wieder Buddha:

»Mit dir bin ich gestraft. Wohin willst du denn das gestohlene Geld – ja, sei still – das gestohlene Geld verstecken?«

Ja. Wohin? In die Bücher, die Überschuhe im Korridor, in das Toilettenpapier, in die Röhre des Samowars, in das Einlegefutter in Mamais Mütze, in den Behang mit dem blauen Ritter an der Wand im Schlafzimmer, in den halbgeöffneten, vom Schnee noch feuchten Regenschirm, in einen achtlos auf den Tisch geworfenen Briefumschlag mit einer Marke darauf und der sorgfältig geschriebenen Adresse des nicht existierenden Genossen Goldebajew… Nein, das war gefährlich… Endlich, um Mitternacht, hatte man unter Berücksichtigung der Psychologie ausgeklügelt: sie würden überall suchen – nur nicht an der Türschwelle; gerade dort war ein Quadrat des Parketts lose. Mit dem Papiermesser, mit dem Mamai gewöhnlich Bücher aufschnitt, hob er sorgfältig das Quadrat heraus. Die gestohlenen Viertausendzweihundert (nein, bitte, wir wollen nicht mehr davon reden) wurden in ein gewachstes Papier aus einer Biskuitpackung gewickelt – unter der Schwelle könnte es ja feucht sein – und dann vorsichtig unter das Quadrat geschoben.

Das Schiff Nr. 40 vibriert in höchster Spannung, bewegt sich flüsternd, auf Zehenspitzen. Seine Fenster glänzen fiebrig im dunklen Straßenozean, vorsichtig wird im fünften, zweiten, dritten Stock ein Vorhang beiseite geschoben, im erleuchteten Fenster ist ein dunkler Schatten sichtbar. Nein, es ist nichts zu sehen. Schließlich stehen zwei auf dem Hof Wache. Wenn es anfängt, werden sie schon Alarm geben…

Es ist die dritte Stunde. Auf dem Hof tiefe Stille. Um die Laterne schwebten weiße Fliegen. Unaufhörlich fielen sie, wirbelten, vergingen an der Laterne oder sanken auf die Erde.

Dort stand der Bürger Malafejew. Mit der Brille auf der Nasenspitze begann er zu philosophieren:

»Ich bin ein einfacher, natürlicher Mensch. In dieser schlechten Welt zu leben, fällt mir schwer. Nun, einmal bin ich nach Ostakow in die Heimat gefahren. Als ich dort ankam, finde ich eine internationale Lage, es war einfach unmöglich: alle

gingen einfach wie die Wölfe aufeinander los. Das konnte ich nicht mit ansehen: schließlich bin ich eine friedliebender Mensch.«
Doch dieser friedliebende Mensch hielt einen Revolver in der Hand, dessen sechs Patronen sechs Tode einschlossen.
»Wie war das im japanischen Krieg, Osip? Haben Sie da getötet?«
»Nun, im Krieg – im Krieg natürlich.«
»Aber wie? Mit dem Bajonett?«
»Ja, so. Es ist wie bei einer Melone. Erst geht es schwer – die Schale, aber dann ist es nichts, dann geht es ganz leicht.«
Mamai lief bei dem Wort »Melone« ein kalter Schauer über den Rücken. »Wenn jetzt... wenn man mich jetzt... nein, ich könnte es niemals...«
»Warten Sie nur ab. Wenn es schlimm kommt, dann werden auch Sie...«
Stille. Nur die weißen Fliegen im Licht der Laterne. Dann plötzlich in der Ferne ein Flintenschuß wie das Knallen einer langen Peitsche. Und wieder Stille. Nur die Fliegen. Gott sei Dank, es ist vier Uhr. Heute kommen sie nicht mehr. Gleich wird die Ablösung da sein – und dann zurück in die Kajüte und schlafen...
Der Ritter im blaukarierten Gewand, der im Schlafzimmer der Mamais an der Wand hing, zückte gerade sein blaues Schwert – und erstarrte im Schwung der Bewegung: vor ihm vollzog sich ein Menschenopfer.
Auf weißen Leinenwolken ruhte Frau Mamai, alles umfangend, breitbrüstig, buddhagleich. Ihr Gesicht besagte: heute vollendete ich die Schöpfung der Welt, und ich kann sagen, alles ist sehr gut, selbst dieser kleine Mann vor mir mit seinen gestohlenen Viertausendzweihundert. Das Menschlein aber stand vor dem Bett wie ein Todgeweihter, verfroren, mit einer roten Kältenase, die kurzen Pinguinflügelchen hingen wie leblos an ihm herab.
»Nun, komm schon!«
Der blaue Ritter schloß die Augen. Ihm war zum Entsetzen

deutlich: der kleine Mensch vor ihm würde sich bekreuzigen, und dann – mit dem Kopf zuerst – wie ins Wasser – platsch, hinein ins Bett.

Das Schiff Nr. 40 war glücklich durch den Sturm gesteuert und erreichte unversehrt den morgendlichen Hafen. Geschäftig suchten die Passagiere die Aktenmappen, die kleinen Proviantkörbe zusammen und eilten vorbei an der Brille Osips zum Ufer. Das Schiff lag im Hafen, aber nur bis zum Abend. Dann mußte es wieder auf den Ozean hinaus.

Gebeugt schleppte Jelisei Jeliseitsch das Gesims der unsichtbaren Eremitage an Osip vorüber, und wiederum brach es über Osip herein:

»Heute abend findet die Haussuchung ganz bestimmt statt. Benachrichtigen Sie lieber gleich alle Mieter.«

Aber bis zur Nacht galt es noch einen ganzen Tag zu leben. In der seltsam veränderten, unkenntlich gewordenen Stadt *Petrograd* irrten die Passagiere verloren umher. Irgendwie erinnerte die Stadt – dann aber auch wieder nicht – an das alte *Petersburg*, von dem sie nun schon vor fast einem Jahr ausgefahren waren und zu dem sie wohl niemals zurückkehren würden. Seltsame, in der Nacht erstarrte Wellen aus steinhartem Schnee: Berge und Gruben. Krieger eines unbekannten Stammes in Lumpen, mit Flinten an Bindfäden. Seltsam die ausländische Sitte, da, wo man jemand besucht, gleich zur Nacht zu bleiben, denn nachts auf den Straßen herrschen Raub und Plünderung wie bei Walter Scott. Auf dem Sagorodni-Prospekt gab es Stellen, wo sich Blutstropfen in den Schnee gebrannt hatten... Nein, das war nicht Petersburg!

Verloren wanderte Mamai auf dem ihm fremdgewordenen Sagorodni-Prospekt umher. Wieder störten ihn die Pinguinflügel. Sein Kopf hing herunter wie einst der Hahn an dem zerschmolzenen Samowar. Unter dem linken, abgetretenen Absatz hatte sich ein Klumpen Schnee geballt, ein globus hystericus, jeder Schritt schmerzte.

Aber plötzlich warf er den Kopf hoch, wippte kokett mit den Beinen wie ein Fünfundzwanzigjähriger; auf seinen Wangen

zeigten sich rote Flecken, denn: aus dem Schaufenster lächelte ihn jemand an…
»He Schlafmütze, aus dem Weg!« Ihm entgegen, gewaltsam sich Platz schaffend, drängten weißglänzende Zahnreihen in roten Gesichtern, die mit riesigen Säcken vorwärtsschoben. Mamai sprang zur Seite, doch er wandte die Augen nicht von dem Fenster; sobald die Rotgesichtigen vorüber waren, stand er wieder davor: denn von dort lächelte…
Ja, ihretwegen würde jeder stehlen, betrügen, alles tun. Aus dem Fenster lächelte wollüstig, verführerisch ausgebreitet, eine Darstellung aus der Zeit Katharinas: »Beschreibung der Schönheiten Sankt-Pieterburgs«. Mit der berechnenden Lässigkeit gerissener Frauen ließ sie in ihr Inneres sehen, in die warme Höhlung zwischen zwei straff aufgerichteten, bläulichmarmorn schimmernden Wänden.
Mamai war verliebt wie ein Fünfundzwanzigjähriger. Jeden Tag ging er auf den Sagorodni-Prospekt vor das Schaufenster und sang mit den Augen Serenaden ohne Worte. Nachts konnte er nicht schlafen; er belog sich selbst, wenn er sich sagte, daß er nicht schlafen könne, weil irgendwo unter dem Fußboden eine Maus nagte. Morgens ging er aus, und jeden Morgen durchbohrte er das Parkettquadrat an der Schwelle mit sehnsuchtsvollem Blick, denn unter dem Quadrat war sein Glück verborgen, ganz nah und doch auch fern. Aber nun, was wurde nun damit?
Am vierten Tag nahm Mamai sein Herz wie einen angstvoll flatternden Sperling in beide Hände und trat durch die Tür des bewußten Ladens auf dem Sagorodni-Prospekt. Hinter dem Ladentisch stand, graubärtig, mit dichten Brauen, ein Schwarzmeertürke, ein zweiter Osmin, in dessen Gefangenschaft *sie* schmachtete. In Mamai wurde der kriegerische Vorfahre wach: tapfer ging er auf Osmin zu.
»Ach, Herr Mamai, Sie waren lange nicht hier… ich habe für Sie etwas zurückgelegt.«
Mamai drückte seine Faust noch fester um den flatternden Sperling und befühlte, Aufmerksamkeit vortäuschend, ver-

schiedene Bücher, doch im Grunde war nur in seinem Rücken Leben. Denn hinter ihm, im Schaufenster, lächelte *sie.* Er wählte eine schon vergilbte Nummer des *Teleskops*, handelte lange um den Preis, winkte schließlich ab. Dann, wie ein Fuchs die Bücherregale umkreisend, wand er sich schließlich bis zum Schaufenster vor und sagte scheinbar ganz nebenbei:
»Was kostet wohl diese Beschreibung hier?«
Halt. Schon wollte der Spatz in seiner Faust wegfliegen. Er mußte ihn festhalten. Osmin wühlte in seinem Bart:
»Nun, weil Sie es sind. Hundertfünfzig.«
»Hm. Nun gut. (Hurra, Glockenläuten, Kanonendonner.) In Ordnung. Morgen komme ich mit dem Geld und nehme das Buch mit.«
Das Schrecklichste stand noch bevor: das Parkettquadrat auf der Schwelle. In der Nacht wurde es Mamai siedendheiß: ich muß, ich darf nicht, ich kann, es ist undenkbar, ich kann, ich darf nicht, ich muß...
Die allwissende, gnädig dräuende Vorsehung mit dem Ehering trank Tee.
»Nun iß doch, Peterchen. Was ist denn mit dir? Hast du wieder nicht geschlafen?«
»Ja, die Mäu... die Mäuse, ich weiß nicht...«
»Laß die Serviette, verdrehe sie nicht. Was ist das schon wieder!«
»Ich... ich verdrehe sie ja gar nicht...«
Endlich war das Glas Tee ausgetrunken; es war kein Glas, nein, es war ein Vierzigeimerfaß ohne Boden. Buddha empfing in der Küche die Opfergaben von der Köchin. Mamai war in seinem Arbeitszimmer allein.
Er vibrierte wie eine Uhr, die gerade zwölf schlagen will. Dann holte er tief Luft, lauschte noch einmal, schlich auf den Zehenspitzen zu seinem Schreibtisch. Dort lag das Papiermesser zum Aufschneiden der Bücher. Wie im Fieber kauerte der kleine Gnom auf der Schwelle. Auf seiner Glatze standen eisige Schweißtropfen. Er stieß das Papiermesser unter das Quadrat des Parketts, bohrte es hoch, und – ein entsetzter Aufschrei.

Auf den Schrei hin kam Buddha aus der Küche gedonnert und erblickte zu seinen Füßen – eine Glatze, glänzend wie ein Kürbis, darunter einen zusammengekauerten Gnom mit einem Messer und darunter winzige Fetzen von Papier.
Die Viertausend... die Maus... Dort, dort ist sie.
Grausam, erbarmungslos wie der Mamai des Jahres 1300 und soundsoviel sprang der Mamai des Jahres 1917 von allen vieren hoch und stürzte mit dem Schwert in die Ecke an der Tür, denn dort saß zitternd die Maus, die er unter dem Parkett aufgestört hatte. Blutrünstig, voller Rachgier durchbohrte er die Feindin mit dem Schwert – wie eine Melone: erst geht es schwer – die Schale, aber dann ist es ganz leicht – das Weiche. Stopp. Das war schon Parkett. Schluß, aus.

1920

Ein Schlag mit der Faust

Sendschreiben des demütigen Samuti, Bischofs der Affen[1]

Meine geliebten Affenbrüder! Vergessen wir allen weltlichen Kummer, öffnen wir unsere Herzen dem Frieden, fahren wir fort, um den wahren Glauben zu kämpfen. Heute berichte ich als Augenzeuge:

Alle Gerüchte über Gottlosigkeit und schändliches Leben im Land Alatyr[2] sind reine Lüge. Nur Böswillige werden sie Wahrheit nennen. Darüber hinaus sage ich euch, geliebte Brüder: in diesem Land vergoß ich Tränen der Rührung, denn es gibt unter der Sonne kein anderes, wo man so eifert um die Rettung der Seelen, wo man das irdische, vergängliche Leben so gründlich um des zukünftigen, unvergänglichen willen verachtet. Was wir erhoffen, hier ist es verwirklicht: das ganze Land ist ein einziges Kloster, das unmittelbar dem heiligen Synod untersteht. Alle seine Bürger, vom ältesten bis zum jüngsten, legten das Mönchsgelübde ab; einige sogar das große Schweigegelübde; ihr Leben wurde zur echten Heiligenvita.

Man findet hier keinen Prunk, keine Zymbeln oder andere irdische Eitelkeit. Hier gibt es nur gottgefälliges Leben in äußerster Kargheit, wie es Mönchen geziemt. Eingedenk dessen, daß es den Fürsten der Finsternis nach fleischlicher Schönheit gelüstet, tragen die Bürger dieses Landes nur Bußgewänder, ärmliche Lumpen und härene Hemden. Sie salben sich nicht mit wohlriechenden Ölen wie die Heiden und schmücken sich nicht mit Gold und kostbaren Steinen; nein, in der Verachtung des Fleisches meiden sie sogar, sich mit Wasser zu waschen; und wahrlich, steht die Reinheit der Seele nicht höher als die des Fleisches? Auch das Lustgefühl nach einem Bad kann der Seele Verderben bringen! Nach der Weisheit der Starzen[3], die für das leibliche Wohl sorgen, leben die Bürger in ständigem, strengem Fasten. Fleisch, selbst Fisch, wird ihnen höchstens einmal im Jahr gereicht. Wein und Likör, Getränke, die Lachen und Fröhlichkeit, die Fleischeslust und das teuflische Tanzen erregen, kennen sie nicht; wenn einer von den Weltlichen Wein in das Kloster bringt, wird er von den Starzen mit strengster Strafe belegt. Ich sah einige Mönche, die heimlich dem Teufel Opfer mit Tabak darbrachten, dem verfluchten Zeug, das sich durch ungezügelte, schlimme Gier verbreitet. Doch die Starzen sagten, in kurzer Zeit werde auch dieses Laster beseitigt sein. Denn sollte man die von Gott geschaffene Erde, die nährendes Getreide hervorbringt, mit dem Anbau von teuflischem Kraut verderben?

Die irdischen Freuden verachtend, streitet man hier gegen den Fürsten der Finsternis, übt sich ständig im Gebet. In meiner Unwissenheit blieb mir oft der Sinn ihrer Worte dunkel, ebenso der Text ihrer Hymnen. Doch sah ich mit Rührung, wenn ich bei Sonnenaufgang an den Klosterzellen vorbeiging, wie die nach alter Weise aufgestellten geistlichen Streiter nach alter Weise einstimmiges Lob sangen. Mein Herz erfüllte sich mit Freude, wenn die Mönche mit Lobgesang zusammenströmten, um die Predigt der Starzen zu hören, ihre Kappen fromm in der Hand. Geschah es einmal, daß ein unwissender Fremder oder weltlicher Laie vergaß, den Kopf zu entblößen, dann wurde der Unehrerbietige von den glaubenseifrigen Mönchen geohrfeigt wie einst der arglistige Arius. Wahrlich, Lob und Dank sei dem Schöpfer, daß in diesem Land die alte Sitte bewahrt ist. Man verehrt hier die heiligen Ikonen, wie es auch unsere Väter taten. An den Wänden der Klosterzellen, in den Refektorien und Gemeinschaftsräumen, überall, geliebte Brüder, sind die Antlitze der Heiligen angebracht. Wegen der Armut des Klosters sind ihre Schreine zwar einfach, doch werden sie würdig mit Blumen und Gräsern geschmückt.

Demut und Gehorsam, die altehrwürdigen Mönchsgelübde, sind der Schmuck der Brüder im Land Alatyr. Diese Tugenden erstrahlen wie die Sterne am dunklen Gewand der Nacht. Die weisen Starzen halten die Mönche in geduldigem Schweigen;

auf jedes Wort eines Starzen antworten sie mit »Amen«, selbst wenn einer sagte, um den Gehorsam des Mönchs zu erproben, daß er nicht zwei Augen habe, sondern drei. Hier gibt es auch nicht wie in anderen heidnischen Ländern zersetzendes Eigendenken und zweiflerische Kritik, sondern hier sind alle in Wahrheit eine einzige Herde. Ich sah viele Mönche von nicht geringem Verstand, die das schwere Gelübde des Schweigens auf sich genommen hatten; ich weiß nicht, hatten sie sich freiwillig die Lippen verschlossen oder war ihnen das Schweigen von den Starzen auferlegt worden? Mir will scheinen, daß letzteres der Wahrheit entspricht. Denn ich kenne die weise Vorsicht der Starzen, die ihre Herde vor den Reden verführerischer Arglist bewahren. Und wirklich, ist es nicht besser, einem den Mund zu verschließen, als Tausende zu verderben, da sonst in ihre Seelen eitles Denken und häretische Zweifel gestreut würden?

So verbringen die Mönche im Land Alatyr die Tage des irdischen, zeitlichen Lebens in geistlicher Übung, in demütigem Gehorsam und unaufhörlichem Fasten. Und das Herz erhebt sich, da es keine Fröhlichkeit, sondern nur Zerknirschung und bußfertiges Weinen erblickt: denn die hier frohlocken, werden drüben weinen; die aber hier bereuen, werden im Jenseits erfreut. Ist das nicht die wahre Frömmigkeit, beispielhaftes mönchisches Leben, die Krone christlicher Tugend?

Freut euch mit mir, Affen, geliebte Brüder: in diesem Land herrschen nicht Hoffart, sondern demütiger Glaube, nicht Gottlosigkeit, sondern schlichtes, mönchisches Leben. Dessen bin ich, der demütige Samuti, ein glaubwürdiger Zeuge.

1921

1 Samjatin verfaßte diese Satire 1920, zur gleichen Zeit wie den Roman *Wir*. Das »Sendschreiben« ist an die »Große und Freie Kammer der Affen« gerichtet, eine Vereinigung, die der Schriftsteller Remi-

sow in einem skurrilen Einfall gründete, um gleichgesinnte, den Bolschewiki kritisch gegenüberstehende Freunde zu sammeln. Sie erhielten von ihm besondere Ränge und Urkunden. Samjatin gehörte dieser Kammer als »Bischof Samuti« an. Es ist möglich, daß Soschtschenko zu seiner satirischen Erzählung *Die Abenteuer eines Affen*, derentwegen er 1946 aus dem Schriftstellerverband ausgeschlossen wurde, von diesem »Sendschreiben« angeregt wurde, denn auch bei Soschtschenko ist der Affe klüger und humaner als der Mensch.

2 »Alatyr« ist in der russischen Folklore der Name eines durch ein Wunder entstandenen Steins von magischer Kraft. Nach manchen Überlieferungen liegt er in der Wolga.

3 Mönche oder Einsiedler, die als Beichtvater oder Erzieher in der geistlichen wie in der Laienwelt Einfluß hatten.

Das Wort hat Genosse Tschurygin

Verehrte Bürger und meine lieben Bürgerinnen, die – ich sehe es vor mir – lachen ungeachtet des Umstandes, daß dies ein Abend mit dem Thema der Erinnerungen ist. Ich frage euch, Bürger, erlaubt ihr mir, euch auch meine Erinnerungen zu unterbreiten? Nun, wenn das so ist, dann bitte ich, ohne alles Lachen zu sitzen und nicht den hervortretenden Redner zu stören.

Als allererstes muß ich mich vielleicht entschuldigen, daß meine Erinnerungen, verglichen mit allen übrigen, ein echtes bitteres Faktum sind – bei euch ereignet sich alles, als ob es geschrieben ist, aber bei mir ist nichts geschrieben, sondern es hat sich wirklich ereignet – in unserem Dorf Kuimani, Kreis Isbischtschensk, wo meine teure Heimat ist.

Unsere Gegend bietet hauptsächlich dichten Wald, so daß wir weit und breit mehr oder weniger überhaupt keine Kreisstadt haben und das Leben in tiefem Dunkel verläuft. Auch ich war damals ein höchst unwissender Junge von sechzehn Jahren und glaubte sogar an Religion. Nun, jetzt ist damit natürlich endgültig Amen. Mein Bruder Stepka, Gott schenke ihm die ewige Seligkeit, war damals fünfundzwanzig, und außerdem war er sehr lang von Wuchs und konnte sogar etwas lesen und schreiben. Außer Stepka gab es noch einen anderen sogenannten Helden, unseren Jegor, den Sohn des Böttchers, der auch seine junge Kraft an der Front opferte.

Aber da sich das in der kurzen Episode des Kapitalismus ereignete, gab es auch die gegnerische Klasse im Umkreis von drei Werst und darunter die einstige Spinne, das heißt, den Gutsbesitzer Tarantajew, der natürlich unser Blut saugte und dafür aus dem Ausland alle möglichen Gegenstände in Gestalt nackter Statuen bezog, und diese Statuen wurden in seinem Garten aufgestellt ohne jeden Nutzen, besonders eine mit einer Lanze in der Art wie ein Gott: natürlich nicht wie unser rechtgläubiger,

sondern nur so ähnlich. Und da wurden im Garten Feste gefeiert, und es gab Lieder mit Laternen, und unsere Weiber standen und versengten sich durch den Zaun und Stepka auch.
Stepka, nicht daß er ein Herumtreiber gewesen wäre, oder so etwas – er war in seiner Art mehr ein Sonderling, es war bei ihm irgendein Fehler im Inneren, so daß man ihn nicht einmal zu den Soldaten nahm und er sich als ein nichtarbeitendes Glied der häuslichen Ordnung erwies. Alle beneideten ihn von hinten und von vorn, aber er saß und las unter Seufzen Bücher. Man fragt sich, was für Bücher in dieser zaristischen Episode? Es waren keine Bücher, besser würde man sagen, sie waren der Abfall der damaligen Gesellschaft oder mit einem Wort: Mist. Denn die ganze öffentliche Bibliothek, wenn man sie so nennen will, präsentierte sich in der Gestalt der Nonne Agafja von dreiundvierzig Jahren, die bei den Toten den Psalter las.
Nun, Stepka saugte sich natürlich mit diesen Büchern voll und benahm sich nur noch wie ein Dummkopf. In der Nacht wachte ich manchmal auf und sah von meiner Pritsche herunter: da lag er ganz weiß vor dem Heiligenbild und zischte durch die Zähne: »Hö-örst du mich? Hö-örst du mich?« Einmal sagte ich ihm darauf: »Ich höre«, sagte ich. Wie er da angefangen hat zu zittern und aufgesprungen ist, habe ich es nicht mehr ausgehalten, ich habe kichern müssen. Da hat er mich so zerschlagen, daß die Leber mit der Lunge ein Brei geworden ist. Mit Mühe habe ich wieder atmen können.
Aber am Morgen warf sich Stepka dem Papachen zu Füßen: »Lassen Sie mich«, bat er, »ins Kloster. Ich kann nicht«, sagte er, »wie Sie alltäglich leben.« Aber Papachen sprach zu ihm: »Stepka, du bist nichts als ein Dummkopf, und morgen wirst du in die Stadt zum Onkel Artamon fahren und dort arbeiten.« Stepka sagte gegen Papachen verschiedene Sprüche in der Weise der Heiligen Schrift, aber unser Papachen war nicht so dumm, er war sogar listig, er sagte zu Stepka: »Wie heißt es in deiner Heiligen Schrift? Daß jeder verdammte Hundesohn seiner Mutter und seinem Vater gehorchen soll. Das sind die heiligen Worte der Bibel.« Er rieb ihm mit der Heiligen Schrift das

Nasenorgan und ließ ihn stehen. Da fügte sich Stepka, und es war kaum hell, da fuhr er zu Onkel Artamon, der als Pensionär in einer Fabrik eine Stellung als Wächter hatte.
Und nun betrachte ich, wie es heißt, das Leben aus der Vogelperspektive: hier, zum Beispiel, wirbelt eine Fabrik mit dicken Rauchwolken, und irgendwo an der Grenze Afrikas wirbeln unmögliche hohe, felsige Berge – es gibt einen schrecklichen Zusammenprall, Krieg, aber wir in unserem Wald sehen nichts, die Frauen sind ohne ihre Männer und blöken wie die Färsen – und außerdem ist Frost.
Im Laufe der Zeit bekam die Schwiegertochter des Böttchers von der Front einen Brief ihres Mannes Jegor, daß er zum Helden des Georgsordens erster Klasse befördert sei – und erwarte mich bald zu Hause zurück. Da freute sich die Frau natürlich und zog saubere Strümpfe an. Vor dem Abend des Nikolaustages gingen wir mit Papachen hinaus, und sieh, da kam auf einem Schlitten Jegorka, der Sohn des Böttchers, er winkte und sagte irgendwelche Worte, aber was für welche, war nicht zu verstehen, es kamen nur Klumpen von Dunst in Anbetracht des Frostes aus seinem Mund.
Ich war natürlich sehr aufgeregt, einen Helden zu sehen, aber Papachen sagte zu mir: »Du mußt etwas warten, bis er dort mit seiner Frau das Wiedersehen gefeiert hat.« Und als er das gerade gesagt hatte, da kam Jegors Frau zu uns hereingestürzt. Ihre Augen waren weiß, furchtbar erschreckt, ihre Hände zitterten, und sie sagte mit tonloser Stimme: »Helft mir um Christi willen, mit Jegor zurechtzukommen.« Da dachten wir, er hat sie verdroschen und wir müssen für die Weiblichkeit eintreten. Wir krempelten die Ärmel auf und gingen los.
Wir traten ein, sahen uns um. Der Samowar dampfte, auf der Bank war das Bett gemacht, alles war ganz, wie es sein soll, und Jegor selbst stand ganz ruhig bei der Lade. Aber wie er da stand! Er war an die Lade gelehnt wie ein Sack Hafer, sein Kopf war gleich hoch wie die Lade, und von den Beinen war nicht einmal der Name übriggeblieben, sie waren gleich unter dem Bauch abgeschnitten.

Wir standen erstarrt, ohne etwas zu tun. Nach einer Weile hörten wir Jegor mit einer so unguten Stimme lachen, daß selbst meine Zähne traurig wurden, und er sagte zu uns: »Na, bin ich nicht ein schöner Held erster Klasse? Habt ihr genug gesehen? Dann legt mich jetzt, wie es sich gehört, mit eurer Hilfe.« Da legte sich seine Frau auf das Bett, und wir hoben Jegor vom Fußboden auf und legten ihn in der entsprechenden Weise hin. Danach gingen wir fort, ich schlug die Tür zu und klemmte mir den Finger, diesen hier, aber ich fühlte keinen Schmerz. Im Gehen hatte ich immer nur Jegor vor Augen, wie er an der Lade stand.

Am Abend versammelte sich in Jegors Hütte das Dorf in voller Anwesenheit. Jegor war unter den Ikonen an der Lade gegen die Wand gelehnt. Stand er, saß er, wie es in eurer geschriebenen Sprache heißt, ich kann es nicht sagen. Und alle, die sich versammelt hatten, schwiegen beklommen, auch er schwieg, rauchte, und ich war neben dem Ofen und hörte, wie die Schaben herauskamen und an der Wand raschelten.

Da trat zum Glück der Böttcher ein, der der Vater ist, und nahm einen Alkoholgegenstand aus der Tasche. Natürlich trank Jegor ein Gläschen und hatte gerade ein zweites eingegossen, da kam ein Junge in freudiger Aufregung von der Straße gerannt und rief: »Der Herr, der Herr!« Wir blickten auf, und schon war der Herr Tarantajew in der Tür, glattrasiert und ein luxushafter Wohlgeruch um ihn, man sah, daß er leichte Speise zu sich nahm. Er nickte uns zu und wandte sich dann sogleich zu Jegor: »Nun, Jegor«, sagte er, »Jegor, ich gratuliere, ich gratuliere!« Aber Jegor verzog sein Gesicht zu einem bösen Lächeln und sprach: »Mit Verlaub, wozu gratulieren Sie mir?« Der Herr sagte ihm zur Antwort: »In Anbetracht dessen, daß du unser Stolz bist und ein Held, der für das Vaterland gelitten hat.« Und er hob die Leinwand auf, die die unteren Teile Jegors bedeckte, beugte sich hinunter und betrachtete ihn.

Da riß sich Jegor zur Seite, knirschte mit den Zähnen und schrammte ihm über den Hals und noch einmal. Der Herr Tarantajew stieß Jegor wütend weg, er fiel auf die Seite wie ein

Sack, konnte sich nicht mehr erheben und schrie: »Schlagt ihn, schlagt ihn!« In der Gemeinschaft mit den anderen sprang ich den Herrn an, mein Herz zitterte wie ein Hasenschwanz, ich dachte weiter nichts, als mich an seine Kehle zu hängen. Der Herr Tarantajew, ganz rot, öffnete den Mund, wollte etwas sagen, verbrannte sich an unseren haßerfüllten Augen wie an Brennesseln – und mit einem Satz zur Tür.

Unter dem Eindruck dieses Sieges verstummten die Bauern und sagten: »Jegor, du bist wirklich ein Held erster Klasse.« Jegor trank natürlich noch ein Glas, und allmählich trug er vor, was er wohl für ein Held wäre, wenn er sich an der Front in eine Grube gesetzt hätte, um sein Bedürfnis zu verrichten, und es ihn dort von oben an den Beinen erwischt hätte. »Aber wir werden bald«, sagte er, »diesen ganzen Betrug der Auffassung des Volkes hinsichtlich des Krieges beenden, weil uns«, sagte er, »bekannt ist, daß jetzt über allen Ministern beim Zaren einer der unseren, ein Bauer, steht mit Namen Grigori Jefimytsch[1] und er ihnen allen die Jacke vollhauen wird.« Als das die unseren hörten, gerieten sie in Feuer und schrien mit Begeisterung, daß es jetzt natürlich mit dem Krieg und den Herren Schluß und aus sei und daß wir jetzt alle auf Grigori Jefimytsch vertrauten, weil er bei der Regierung unser Bauer sei. Und natürlich, Bürger, über diesen Grigori Jefimytsch weiß ich jetzt entsprechend Bescheid, aber damals begann mir bei der Nachricht der Puls zu klopfen.

Jetzt aber weiter: weil Jegor den Herrn am Hals beleidigt hatte, brachen wir alle mit dieser Spinne, und am Tor zu den Tarantajews stand von nun an ein echter Tscherkesse mit einem Dolch, um den Eingang zu versperren. Früher gingen wir immer zum Hof wegen der Zeitungen und ähnlichem, aber nun lebten wir vollkommen im Dickicht und wußten nicht, welche Ereignisse sich auf der entfernten Erdkugel abspielten, zum Beispiel in Petersburg.

So kam zu seiner Zeit das frühere Fest der Geburt Christi heran und die Fastnachtswoche und wechselnder Frost. In der Fastnachtswoche erhielt Papachen plötzlich einen Brief von Stepka aus der Stadt. Aber da bei uns damals die Schriftkunde noch nicht liquidiert war und, wenn man so will, der einzige Mensch, der lesen und schreiben konnte, Jegor war, so versammelte sich bei ihm das Volk wie ein Hörrohr, um den Brief Stepkas zu hören. Und Stepka schrieb, daß es bei ihnen in der Fabrik bereits ganz klar sei, daß Gott ein abergläubisches Faktum ist, daß es dagegen das Buch Marx gibt und daß in der Hauptstadt Petersburg ein wichtiger Mord geschehen sei – und deshalb wartet – in Bälde wird es nicht nur dieser sein. Aber der Verdienst ist bei uns sehr traurig, neun Rubel, fünfzig Kopeken im Monat, und ich komme zu euch persönlich.

Jegor stand auf der Bank, an das Fensterbrett angelehnt, und fügte mit heftigen Handbewegungen hinzu: »Und was«, schrie er, »habe ich euch über Grigori Jefimytsch gesagt? Das ist sein Werk, seid ihr nur ruhig.«

Obwohl im Brief wegen des Mordes nur Undeutliches gesagt war und wegen Gott hinsichtlich der Vorurteile ebenfalls keine volle Klarheit herrschte, fühlten wir dennoch: das alles ist nicht umsonst, und in der Tat, wir warteten. Was wir erwarteten, wußten wir nicht, aber in der Art, wie das Lebewesen Hund vor dem Brand unruhig ist, so waren es auch wir. Und dabei herrschte ein sehr strenger Frost, Totenstille, und im Wald hackte der Specht an einem Baum, und wir alle hackten wie ebenderselbe Specht nur an einem Thema herum: Grigori Jefimytsch.

Im Verlauf der Zeit vergeht so ein Tag oder zwei, und als es dämmert, sehen wir: auf einem schwarzen Pferd sprengt ein Bote auf den Hof der Tarantajews, und über dem Hof geht die Sonne unter, vor Frost ist sie ganz aufgeschwollen und rot. Jegor ist natürlich unser Anführer, und er sagt: »Das bedeutet, jetzt fängt es an. Jetzt bezieht eure Posten hinter dem Hof, keiner darf ihn verlassen, und gebt mir Meldung.«

In der Rolle der Wache stellten sie mich auf und noch einen – bei uns lebte der bucklige Mitka. Wir sitzen in den Büschen und hauchen die Finger an, um sie zu wärmen, und hören, was für eine Aufregung auf dem Hof herrscht, wie die Hunde bellen, und wir zittern. Bald darauf sehen wir: ohne ein armseliges Wörtchen öffnet sich das Tor und ein Schlitten jagt heraus; auf dem Schlitten sitzen die Herrin Tarantajew und ein kleines Mädchen, das weint; und aus dem Tor kommt derselbe Reiter auf dem schwarzen Pferd, er schreit der Herrin wie einem Hund zu: »Allez!« Und so fährt der Schlitten nach einer Richtung, und der Reiter zurück in die andere, das heißt, gerade auf uns zu. Der bucklige Mitka zieht mich in die Büsche, aber in mir regt sich der Mut; als ob ich Alkohol getrunken hätte – ich wußte selbst nicht, was ich tat – ich winke mit den Händen und laufe dem Reiter geradewegs vor das Pferd. Er hält natürlich an und fragt: »Was ist los?«, und sein Pferd schnaubt mir in die Fresse. Ich aber sage ihm ohne Umschweife: »Nichts ist los, aber wie steht es bei euch?« »Das«, sagt er, »geht euch nichts an. Allez!« Ich blicke ihn fest an und sage mit Nachdruck: »Wie ist das«, spreche ich, »mit Grigori Jefimytsch? Geht euch das auch nichts an?« Da lacht er abfällig und sagt: »Dein Grigori Jefimytsch, der ist tü, tü, den haben sie Gott sei Dank längst erschossen.« Und danach sprengt er davon.

Da lief ich, so schnell ich konnte, zu Jegor. In seiner Hütte befand sich die volle Versammlung unserer Bauern, und alle waren in gespannter Erwartung. Als ich zu berichten begann, da schlug mein unschuldiges Herz von sechzehn Jahren bis zum Hals, und ich weinte hinsichtlich der verlorenen Hoffnung Grigori Jefimytsch betreffend, und ich sehe, alle anderen sitzen auch mit Seufzen wie angeschlagen. Und zum Schluß gab Jegor den Befehl, nach Hause zu gehen bis zum Morgen für die verschiedenen natürlichen Verrichtungen wie zum Beispiel Aufnahme von Nahrung und traumbringenden Schlaf.

Dann dämmert allmählich der bedeutungsvolle Morgen, wenn bei euch in Piter die Feier der Revolution mit Fahnen veranstaltet wird, aber bei uns gibt es so etwas nicht im entferntesten, weil wir natürlich nur ein schwaches Echo sind im Vergleich zu euch, und dann der furchtbare Frost. Und wir versammelten uns in Jegors Hütte in Filzstiefeln und setzten Jegor in der Art eines Tribuns in einen Korb mit Heu und hoben ihn auf einen

Schlitten. Da erklärte Jegor aus dem Korb, daß wir jetzt, Brust voraus, zu dem Hof der Tarantajews gingen, und der Herr soll uns Rechenschaft darüber geben, wie sie den Bauern Jefimytsch, der uns beistand, erschlagen haben, oder ob er, was Gott gebe, noch lebe. Wir gingen natürlich alle einmütig über den Schnee, und der Schnee glänzte in der Sonne so blau, daß uns die Tränen kamen, und in uns rührte sich etwas in der Art eines Kettenhundes, der zehn Jahre an der Kette lag und sich plötzlich losreißt und davonstürmt.
Als Tarantajews echter Tscherkesse uns in dieser Menge erblickte, schloß er sofort das Tor und verursachte innen ein Geschrei und Aufregung, und wir hörten die an uns gerichtete Stimme des Herrn Tarantajew. Er sagte, daß heute ein außergewöhnlicher Tag sei, daß wir aber besser, ohne etwas zu unternehmen, nach Hause gingen, um zu erwarten, was bald geschehen würde. Aber Jegor schreit ihm aus dem Korb zu, daß wir gewartet hätten und das Warten satt hätten, er solle gefälligst das Tor sofort aufmachen, sonst würden wir es einfach einschlagen.
Da hören wir ein Schweigen und Flüstern, dann quietscht das Tor, und es eröffnet sich eine hübsche Aussicht auf eine Fichtenallee, in der, allen sichtbar, eine Statue mit einer Lanze steht, die bei den folgenden Ereignissen eine Rolle spielen sollte. Wir gehen, versteht sich, in geschlossenen Reihen, voran Jegor im Korb und wir dahinter in Gruppen, wie es gerade kam, und der Herr läuft, so schnell er kann, uns den Rücken zuwendend zum Komplex des Hauses. Plötzlich, woher er ihn hatte, wissen wir nicht, sehen wir in Jegors Hand einen Revolver, er zielt auf den Herrn und schreit ihm zu: »Stoi!« Sobald dieser Auswurf der Gesellschaft den Revolver erblickt, bleibt er stehen neben dem Gott mit der Lanze, und selber starr wie eine Statue, sagt er zu uns: »Ihr irrt euch gründlich, ich stamme auch von freien Bauern ab.« Aber Jegor sagt ihm drohend: »Heißt das, du denkst über Grigori Jefimytsch wie wir? Rede!« Da antwortet ihm der Herr wahrhaftig mit diesen zitternden Worten: »Selbstverständlich sind wir alle sehr froh, daß dieser Tauge-

nichts Grischa ermordet worden ist.« Da wurde Jegor rasend und schrie nach allen Seiten: »Hört ihr, Kinder, er hat ihn ›Taugenichts‹ genannt. ›Sehr froh‹ hat er gesagt. Und was bist du für einer?« Und Jegor sagte noch weiteres, das heißt: derbe Beschimpfungen. »Und wir«, sagte er, »werden dich jetzt gleich mit diesem Revolver erledigen.«

Natürlich war Jegor als Spezialist vertraut mit den verschiedenen Mordweisen des Krieges, für ihn war es nur ein Ausspukken, aber wir hatten damals im Inneren noch eine Regung, daß es unangenehm ist, einen völlig lebenden Menschen zu töten. Und solange bei uns, wie es heißt, der Austausch von Zweifel herrschte, stand der Herr Tarantajew ohne Lebenszeichen wie ein vollendeter Leichnam, und nur einmal, erinnere ich mich, wischte er Flüssigkeit ab, die aus der Nase lief.

Da erscheint auf dem Weg hinter dem Tor ein neuer Umstand in Gestalt eines Menschen, der, so schnell er kann, auf uns zuläuft und uns mit den Händen winkt. Allmählich erkennen wir, daß es unser Stepka aus der Stadt ist, entsprechend seinem Brief. Er strahlt über das ganze Gesicht, Tränen laufen darüber, und er rudert mit den Händen wie mit Flügeln – gleich wird er durch die freie Luft fliegen wie ein diesbezüglicher Vogel. Und dabei ruft er: »Brüder, Brüder, es hat einen Umsturz gegeben, die Revolution ist da, und mein Herz wird gleich springen vor der unmöglichen Freiheit, hurra!«

Was – wie – wußten wir nicht und fühlten nur: Stepkas Seele hat, wie man sagt, ein Sturm erfaßt, und wir erschauerten vor seinem Schrei. Da ertönte ein Hurra, und es gab eine gewaltige Bewegung wie beim Aberglauben des Osterfestes. Stepka kletterte auf eine Bank, richtete sich hoch auf neben der Statue; er wischte sich mit dem wollenen Fäustling die Tränen ab und sagte, daß man den Zaren in Gestalt des Nikolaus abgelöst habe, daß alle verbrecherischen Paläste bis zum Antlitz der Erde zerstört werden müßten, daß es keine Reichen mehr geben würde, sondern daß alle als arme Proletarier leben werden nach dem Evangelium, wie es früher hieß, was indessen heute auf die Wissenschaft des teuren Marx gegründet wird. Wir alle stimm-

ten ihm zu in Gestalt eines Hurras, und in völligem Taumel rief Jegor aus seinem Korb: »Dank dir, Held Stepka, aus einem rechtgläubigen Herzen. Und bei Gott, zerschmettere ihr ganzes Luxusbudget.«
Da riß Stepka einem Bauern das Beil aus der Hand, sprang zu der Statue, zu der mit der Lanze – und wollte mit aller Kraft auf sie einschlagen, um sie zu zerstören. Aber in diesem Augenblick war es, als rüttele sich der Herr Tarantajew aus seinem Leichnam heraus, er rief: »Das ist eine sehr wertvolle Statue, die nichts verbrochen hat, ich habe sie aus Rom auf dem Landweg hierhergebracht, denn sie ist von unschätzbarem Wert, es ist eine Statue, die Mars darstellt.«
Wir alle sahen, wie Stepka die Hand heruntersank, ohne einen Schlag getan zu haben, und er sagte mit Rührung: »Brüder, eben habe ich vor euch den teuren Namen ausgesprochen, und schon haben wir hier plötzlich das wirkliche Abbild in Gestalt der Statue. Das halte ich für eine Art Wunder, und ich schlage vor, daß wir die Mützen abnehmen.«
Ich bitte Sie, Bürger, Verständnis zu haben; da der sogenannte Oktober sich noch nicht durchgesetzt hatte, waren wir damals ein gänzlich unwissendes Volk, wie man sagt, Hindus. Demzufolge nahmen wir alle einmütig unsere Mützen ab, ergriffen ohne Mützen das teure Abbild am Hinterteil und stellten es auf den Schlitten neben den Korb, in dem sich Jegor befand. Und Stepka faßte die Resolution, den Herrn Tarantajew unbeschädigt loszulassen, da er das Verdienst hatte, uns dieses Abbild gezeigt zu haben. Er sollte aber zur Belehrung gegen den Reichtum zusehen, wie wir seine ganze Einrichtung vernichteten. Wir alle stimmten mit einem Hurra befriedigt zu, weil sich das Programm abwickelte, ohne daß das Blut eines lebenden Menschen vergossen werden mußte. Aber leider gestaltete sich das traurige Schicksal anders als unsere Erwartung.
Also, wir nähern uns dem Haus, die Avantgarde in Gestalt des Schlittens, auf dem die Statue und Jegor im Korb sind, und daneben gehen unser Stepka und der gefesselte Herr Tarantajew. Uns entgegen blitzen Fenster wie verdächtige Augen, ich erin-

nere mich, ein Dienerzimmer lag dicht unter dem Dach, dort sitzt eine niedliche Taube. Stepka wendet sich zu uns zurück mit seinem schönen, glücklichen Lachen und ruft aus voller Seele: »Brüder, ich fasse es kaum, so ein ungewöhnlicher Tag unseres neuen Lebens ist heute!«

Er hat das eben ausgesprochen, da sehen wir: die Taube flattert nach oben, und ein winziges Rauchwölkchen steigt aus dem Bodenfenster. Es vergeht vielleicht noch eine Zehntelsekunde, dann hören wir einen furchtbaren Krach in Gestalt eines Schusses, und unser strahlender Stepka fällt um, mit der Nase in einen Schneehaufen.

Wir stehen alle zu Säulen erstarrt und haben uns noch nicht gefaßt, da kommt ein zweiter Schuß, der der Statue die Finger wegreißt; aber da gibt Jegor mit furchtbaren Flüchen zwei Schüsse aus seinem Revolver ab: einen in das Bodenfenster und einen genau auf den Herrn Tarantajew, der neben Stepka in totem Zustand hinfiel. Und Jegor schießt in seinem Gefühl des Hasses noch dreimal unter Hinzufügung der Worte: »Das ist für Stepka, das ist für Grigori Jefimytsch, und das ist für alles!«

Nun herrscht natürlich allgemeines Geschrei, das letzte, schonungslose Stadium der Ereignisse, kurz, die vollständige Zerstörung. Da liegen auf dem unschuldigen Schnee Scherben von Glas und anderem, Geschirr, ein Diwan, der mit seinen nach oben gekehrten Beinen wie verendet aussieht, und auch der übel zugerichtete Leichnam des echten Tarantajewschen Tscherkessen, denn natürlich war er es, der aus dem Bodenfenster schoß – ihn durchbohrte die Kugel aus der kriegerischen Hand Jegors. Und ich erinnere mich auch noch, daß hoch an einem Ast ein vergoldeter Käfig hing, darin sprang ein ausländischer Vogel herauf und herunter und schrie mit letzter Kraft.

Im Verlauf der Zeit, entsprechend der Natur, kommen die Nacht und das allgemein bekannte System der Sterne mit einem Aussehen, als ob nichts geschehen sei. Und nur aus dem Dunkel erhebt sich ein roter Schein, um es kurz zu sagen, der einstige Hof brannte. Bei uns im Dorf herrscht vollkommene Stille – auch die Hunde sind still – und in der allgemeinen Versamm-

lungshütte unter den Ikonen liegt Stepka in Gestalt des Opfers mit seiner strahlenden Freude, und dort ist auch die Statue und die Nonne Agafja von dreiundvierzig Jahren. Sie liest den Psalter, und alles Volk ist da mit seinen Tränen.
Das war auf unserem Dorf das Ende der dunklen Ereignisse, bei denen alles möglich war wie im Traum – darauf folgte der gänzlich bewußte Tag, denn seit einiger Zeit kommt ein richtiger Redner zu uns, und wir erfahren in der notwendigen Weise alles Wichtige des jeweiligen Augenblicks, daß Grigori Jefimytsch, oder kurz Grischka, kein Held war, sondern ganz im Gegenteil und daß das Ereignis mit unserer Statue sich aus einer Verwechslung der Buchstaben ergab.
Und zum Schluß sehe ich, daß die Bürgerinnen, die zuerst mit dem Aussehen von Lachen dasaßen, jetzt einen umgekehrten Gesichtsausdruck haben, und ich schließe mich dem völlig an, denn, was ich erzählte, ist ein bitteres Faktum unserer unaufgeklärten Kultur, die, Gott sei es gedankt, heute nur auf dem Hintergrund der Vergangenheit existiert. Und nun mache ich einen Punkt als Schlußzeichen, Bürger, und kehre zurück in eure unbekannten Reihen.

1926

1 Grigori Jefimytsch Rasputin, ermordet in Petersburg am 30. 12. 1916.

Märchen für große Kinder

Gott

Es war ein reiches und altes Königreich, berühmt durch die Fruchtbarkeit des weiblichen und die Tapferkeit des männlichen Geschlechts. Und dieses Königreich befand sich hinter dem Ofen in der Stube des Postillions Misjumin. Dort lebte auch die Schabe Senka, der größte Umstürzler und Erzaufrührer im Königreich der Schaben: den Schabenfrauen versperrte er den Weg, auf die Alten pfiff er, und an Gott glaubte er nicht, er sagte: es gebe ihn nicht.

»Wie soll es ihn nicht geben, du schamloser Kerl? Krieche nur, wenn es hell ist, heraus und sperr deine Augen auf! Dann wirst du schon sehen: ... ob es ihn nicht gibt...«

»Sicher, ich werde herauskriechen!« prahlte Senka.

Und eines Tages kroch er heraus. Er kroch heraus – und ächzte vor Staunen:

Wirklich, Gott gab es! da war er – drohend, unfaßbar groß; Gott im rosa Kattunhemd...

Und Gott, der Postillion Misjumin, strickte einen Strumpf: er liebte diese Beschäftigung in seiner freien Zeit. Misjumin erblickte Senka und freute sich:

»Ah, Herzensfreund, meine liebe Ofenschabe, woher kommst du? Grüß dich!«

Dem Postillion war heute unbedingt nach reden zumute, und außer Senka hatte er niemand.

»Denke dir, Bruder Senka, ich werde heiraten. Meine Braut ist erste Klasse. Begreife, du Schabenseele: das Mädchen gehört zu den Vornehmen, es hat einhundertundfünfzig Rubel Mitgift. Ach, du und ich, wir werden leben! Wir werden leben, was, Senka!«

Senka starrte Misjumin mit weitaufgerissenen Augen an, vor Rührung vergaß er zu antworten.

Misjumins Hochzeit sollte am Sonntag nach Ostern sein, und

die vornehme Braut hatte ihm aufgetragen, sich bis zur Hochzeit unbedingt neue Gummistiefel zu kaufen. Es war eine Schande: solange man denken konnte, trug Misjumin die vom Vater ererbten, ledernen Schlurfstiefel Größe 48. Und sobald Misjumin auf der Straße erschien, riefen ihm die Jungen nach:

»He, Schlurfstiefel! Haltet ihn! Schlurfstiefel!«

Misjumin hatte seine Strümpfe fertiggestrickt; er ging zum Markt auf den Trubaplatz: er wollte die Strümpfe verkaufen und dafür neue Gummistiefel erstehen. Aber da sah er Stieglitze in einem Käfig: keine gewöhnlichen Stieglitze, o nein – sie waren einfach ein kleines Wunder.

Ach, ob ich nicht lieber die Stieglitzchen kaufe? Die Stiefel sind doch noch fest...?

Er kaufte den Käfig, brachte ihn seiner Braut zum Geschenk:

»Sehen Sie hier, ich habe Strümpfe gestrickt, sie verkauft und dafür die Stieglitzchen mitgebracht. Verachten Sie sie nicht: ich schenke sie mit aufrichtigem Herzen!«

»Wa-as Strümpfe? Und wieder in den Schlurfstiefeln? Nein, nein, meine Geduld ist zu Ende. Einen Mann heiraten, der Strümpfe strickt? Nein, nicht auszudenken. Schluß, Schluß, und kein Wort mehr!«

Sie jagte ihn davon. In der Kneipe pumpte sich Misjumin voll; er kehrte nach Hause zurück, sternhagelbetrunken, er schwankte an den Wänden entlang...

Aber an der Wand – wartete die Schabe Senka auf Gott; gerührt wollte Senka wie jeden Abend hören, was Gott sagte.

Bitterlich weinend und schniefend tastete der Postillion Misjumin mit der Hand nach der Wand. Ohne es zu wollen, gab er Senka mit den Fingern einen Stoß, und Senka flog kopfüber geradewegs ins Bodenlose, in den Tartarus.

Er kam wieder zu sich: er liegt auf dem Rücken, glatte, glitschige Ufer, eine schreckliche Tiefe. Ganz fern ist ein kleines Stück von der Zimmerdecke zu sehen...

Und Senka betete zu seinem Gott:

»Befreie mich, hilf mir, erbarme dich!«

Aber in der unermeßlichen Tiefe würde Gott unerreichbar bleiben, also mußte er hier verderben.
... Bitterlich schluchzte der Postillion Misjumin und wischte sich an seinem rosa Kattunhemd die Nase ab.
»Senka, kleiner Senka, du allein bist mir geblieben... Wo bist du... wohin habe ich dich nur, mein Kleiner...«
Da fand Misjumin Senka in seinem Schlurfstiefel. Mit dem Finger holte er ihn aus der Tiefe, aus dem Schlurfstiefel Größe 48 – und setzte ihn an die Wand: da, nun krabbele. Aber Senka konnte nicht einmal krabbeln; er war ganz überwältigt: wie unfaßbar groß, wie gütig, wie allmächtig war Gott! Und Gott, der Postillion Misjumin, schniefte und wischte sich an seinem rosa Kattunhemd die Nase ab.

1915

Der Küster

Hat man schon erlebt, daß jemand in der Lotterie gewann – nicht nur dem Zeitungsbericht nach – sondern das Geld wirklich ausbezahlt bekam? Ja, das hat es gegeben. Der Küster von Kurapow, Roman Jakowlitsch Nase, erhielt gestern aus der Kasse ganze Fünftausend. Nun war er wie ein Zar. Alles konnte er sich leisten.

Roman Jakowlitsch Nase ist von zartem, feingliedrigem Wuchs; auch seine Gedanken sind edel, fast unirdisch, so erhaben in den Wolken wie die Verse des Herrn Lermontow[1]. In der Kirche von Kurapow liebt er am meisten den Moses in den rotglühenden, goldenen und violetten Wolken auf dem Berg Sinai.

Nach seinem Gewinn wälzte er sich die ganze Nacht ruhelos von einer Seite zur anderen. Was sollte er nur mit dem Geld anfangen? Ein Plan war gut, der andere auch nicht schlecht. Schließlich wollte er etwas ganz Außergewöhnliches tun, aber nichts Passendes fiel ihm ein.

Am Morgen ging Roman Jakowlitsch in die Kirche, um dem Propheten Moses sein Gebet darzubringen. Und da kam ihm die Erleuchtung – in dem Augenblick, als er das überwältigende Blau des Sinai und auf seinem Gipfel die überirdische Wolkenstadt erblickte.

Er lief zu seiner Küsterin.

»Mutter, mach schnell. Heute noch reisen wir ab.«

»Bist du verrückt geworden? Wo willst du denn plötzlich so stürmisch hin?«

Die Antwort war kaum zu verstehen, so aufgeregt war der Küster.

»Ich möchte, ja, daß ich wie Moses ... auf dem Berg Sinai ... ja, die Wolken ...«

Sie fuhren und fuhren. Die Küsterin ächzte und stöhnte, quälte den Küster den ganzen Weg über. Endlich waren sie angekommen. Halt: vor ihnen lag der sogenannte Kaukasus. Er gleicht dem Berg Sinai wie ein Wassertropfen dem anderen, und um seinen Gipfel hängen Wolken von unbeschreiblicher Schönheit.

Gerade wollte der Küster auf die Knie fallen, da fuhr ein Wagen mit zwei Pferden vor. Auf dem Wagenrand saß ein einäugiger Soldat.

»Steigen Sie ein, Roman Jaklitsch, ich soll Sie abholen.«

»Was soll denn das heißen? Wer hat dich geschickt? Wohin soll es gehen?«

»Auf die Höhe des Berges, mitten hinein in die Wolken.«

Der Soldat blickte den Küster mit einem Auge durchdringend an. Es war, als schaue der bis in sein Innerstes. Fast war es unheimlich. Aber mitfahren mußte er. Roman Jakowlitsch und seine Küsterin setzten sich in den Wagen, und schon ging es los.

Vierzig Tage und Nächte brauchten sie bis auf den Gipfel des Berges. Die Küsterin blieb ungerührt, aß beständig und trank Tee mit Milch. Aber dem Küster war es, als ginge es zum Abendmahl. Er aß nicht, er trank nicht, er wurde ganz mager, doch sein Gesicht erhellte sich mehr und mehr. Ihm war, als sähe er schon die Kirchen mit den blauen Kuppeln und den weißen Zinnen. Und morgen würde er wie Moses... in den Wolken...

Am vierzigsten Tag der Reise fütterten sie nachts die Pferde in einem Gasthof.

»Morgen, noch vor Tagesanbruch, werden wir ankommen...«

Roman Jakowlitsch war es, als blinzele ihn der Einäugige an:

»Noch ist es Zeit; sollen wir lieber umkehren?«

»Was fällt dir ein, Einäugiger. Gott bewahre. Zu guter Letzt umkehren?«

Sie deckten sich mit dicker Sackleinwand zu. Darüber kam noch der Rock des Küsters. Dann legte er sich mit seiner Küsterin im Wagen schlafen. Der Soldat trieb die Pferde an. Die Küsterin beginnt bald zu schnarchen, aber dem Küster ist nicht nach Schlaf zumute. Sein Herz hämmert. Er schloß die Augen, um sie erst wieder zu öffnen, wenn das überwältigende Licht des Sinai erstrahlen, die überirdischen Stimmen erklingen würden…

Doch da geschah etwas Unverzeihliches: das Warten hatte ihn ermüdet, er schlummerte ein. So bemerkte er nicht, wie sie auf dem Gipfel anlangten. Er erwachte erst, als der einäugige Soldat ihn anschrie:

»Steh auf, Roman Jaklitsch, wir sind da.«

Der Küster wagte nur zu blinzeln, ganz vorsichtig, damit er nicht erblindete. Endlich schlug er die Augen auf: Herbst, Rauhreif, Dunst, Matsch.

»Was redest du denn, du Hundesohn? Wir sind angekommen? Wo sind denn die Wolken?«

»Die Wolken gibt es, sieh doch hin, verehrtester Roman Jaklitsch…«

Ein höhnisches Lachen, und der Einäugige war verschwunden, der Küster war allein: nur Rauhreif, Dunst, Nebel.

1915

1 *Lermontow, Michail Jurjewitsch.* Großer russischer Dichter der Spätromantik. Im Duell getötet.

Der Engel Dormidon

Es war einmal ein sehr törichter Engel mit Namen Dormidon.
Alle Engel – das ist bekannt – entstammen dem Atem Gottes: ein göttlicher Schnaufer – schon ist ein Engel geschaffen; ein neuer Schnaufer – schon wieder ein Engel. Doch einmal war das Wetter schlecht. Gott mußte kräftig niesen, und da entstand ein Engel, der ungeschlacht war und ohne Verstand. Statt einem Mund hatte er eine Schnauze, seine Augen rollten unruhig hin und her, und am linken Finger trug er einen Amethystring. Schickt sich das etwa für einen Engel? Machte er sich an die Arbeit, dann ging alles holterdiepolter, bis er erschöpft in Schlaf sank. Man duldete ihn im Himmel eigentlich nur aus Mitleid.
Schließlich bestellte man den törichten Dormidon zum Schutzengel eines Bauern. Wie mit Dormidon, war es auch mit dem Bauern so eine Sache: er war ein notorischer Säufer.
Ohne Bedenken folgte ihm Dormidon zu allen Kneipwirten.
»Wenn du es so willst, na gut. Ich lasse dich vollaufen, bis du volltrunken bist. Dann mache ich dich mit einem Schlag von deinem sündigen Leben frei.«
Er flüsterte dem Bauern ins Ohr:
»Sauf, Bruder, sauf, immer noch einen.«
Sternhagelbetrunken, ohne Hosen, lief der Bauer durch das Dorf. Er krakeelte, bis er heiser war; in den Händen schwang er eine Kette, um seinen eigenen Schatten zu fangen. Dormidon versteckte sich mit dem Bruder des Bauern im Tor hinter einem Pfosten. Beide hielten sich den Bauch vor Lachen.
»Ha, ha, ha, gib's ihm, fang ihn!«
Fast hatte der Bauer seinen Schatten eingeholt, da schlüpfte der ins Tor. Der Bauer hinter ihm her.
»Was, du lachst noch, verfluchtes Aas! Na, warte.«

Er schlug mit aller Kraft mit der Kette zu. Der Engel bekam ein bißchen was ab, doch der Bruder des Bauern sank um wie eine schwere Ähre – tot.
Der törichte Engel flog zum Himmel mit der Nachricht: das und das ist passiert. Man wusch ihm gehörig den Kopf; er aber steht nur da und dreht an seinem Amethystring. Die Strafworte rieselten an ihm ab.
»Nun, Dormidon«, spricht Gott, »ganz wie du willst. Und wenn es zwanzig Jahre dauert, du holst mir den Bauern ins Paradies.«
»Aber Herr, als ob ich ihn dir nicht brächte. Ich mache das.«
Dormidon flog zu dem Bauern auf die Erde.
Es war gerade Markttag. Er folgte dem Bauern, der dabei war, Bretter für den Sarg des Bruders und ein Seil zum Herunterlassen des Sarges zu kaufen. Der Bauer, der gerade einmal nüchtern war, fällt wütend Dormidon an:
»Was hast du dich in mich verbissen? Du hängst ja an mir wie eine Klette am Hundeschwanz. Willst du noch lange hinter mir her sein?«
Dormidon hört nicht hin, dreht nur an seinem Ring. Und da läßt ihn der Gedanke nicht mehr los:
»Wenn ich mich mit einem Ruck von dem Bauern losmachte?«
Und da geht gerade ein Zigeuner vorbei, der ein Schwein an einem Seil hinter sich herzieht. Das Schwein quiekt, ist störrisch, will nicht. Das Seil ist lang, weiß gebleicht.
Dormidon sah den Zigeuner mit dem Seil – und schlägt sich an den Kopf: er hatte es … Er flüsterte dem Bauern ins Ohr:
»Kaufe das Seil da, kaufe es. So eins findest du nicht wieder.«
Der Bauer kaufte es. Und sobald er mit Dormidon auf den Anger gegangen war, ich meine den, der hinter dem Markt liegt, da nahm Dormidon das Seil des Zigeuners, und schwupp, dem Bauern um den Hals, und dann zog er.
Der Bauer schrie aus Leibeskräften:
»Onkelchen, Lieber, laß los! Der Bruder liegt noch unbegraben. Was soll das?«

Doch Dormidon hat seinen Spaß, wiehert:
»Nur noch ein bißchen, noch ein bißchen. Nei-ein du kommst mir nicht davon! Gleich ziehe ich dich ohne umzusteigen ins Paradies.«
Der Bauer schlug eine Weile mit den Beinen um sich, doch dann fiel er wie ein Klotz auf die Erde – und Ende: wie sollte sich da auch einer losreißen!
Dormidon kratzte sich, spuckte in die Hände. Er war ja stark. Er legte sich mit aller Kraft ins Zeug und wand sich mit dem Bauern in die Höhe. Er wurde schneller; der Wind pfiff um ihn. Nach dem Bauern drehte er sich gar nicht erst um: das Seil zog sich schwer, also hing er noch dran. Alles in Ordnung. Daß er still wurde, um so besser.
Schließlich kam er zum Paradies. Er war außer Atem, grinste zufrieden:
»Hier ist der Bauer. Ich habe ihn gebracht.«
Alle kamen gelaufen: da lag der Bauer, rührte sich nicht. Er war ganz blau, die Zunge hing ihm heraus. Tot.
Da erboste sich Gott – daß Gott erbarm, war er böse.
»Gebracht! Du Tropf, du erbärmlicher Tropf! Hinaus! Und laß dich hier nicht mehr blicken!«
Man beschnitt Dormidon die Flügel und verbannte ihn auf die Erde – bis er sich vielleicht doch wieder zu den Engeln heraufdient.

1916

Die Elektrizität

Der Schlosser Galamei hatte ganz plötzlich furchtbare Kreuzschmerzen, so daß er sich kaum noch bewegen konnte. Der verfluchte Rheumatismus machte ihn fertig. Galamei versuchte alles mögliche. Auf der Türschwelle bearbeitete ihm seine Frau das Kreuz mit einem stumpfen Beil; sie rieb ihn auch mit verschiedenen Salben ein, aber nichts half. Nun wußte er keinen Rat mehr.

Aber da war ein Nachbar, der redete ihm etwas von Elektrizität ein: Es gibt noch ein Mittel – Elektrizität hilft bei allen Krankheiten.

Noch vor Tagesanbruch faßte Galamei Mut. Mit der einen Hand hielt er sich das Kreuz, mit der anderen zog er den Stiefel an.

»Wo willst du denn hin, es ist doch noch nicht einmal hell?« fragte ihn seine Frau.

»Ich will mich mit Elektrizität heilen«, antwortete er. »Das ist das einzige Mittel, das übrigbleibt.«

»Ach, Väterchen, sei lieber vorsichtig. Das ist eine Sache, die muß man verstehen. Frage lieber erst den Doktor.«

»Du dummes Weib, habe ich nicht die elektrische Klingel auf der Post repariert?«

»Schon gut, Väterchen.«

»Na also. Ich werde auch ohne Doktor gesund.«

Ja, liebe Freunde, der Galamei, der hat seinen eigenen Kopf.

Er wickelte Kupferdraht zu einer Rolle zusammen und ging fort. Auf der Tambower Straße blieb er stehen, knöpfte die Hosen auf und wand sich das eine Drahtende unterhalb der Hüfte um. Aus dem anderen bog er einen Haken und wartete. Es war noch sehr früh. Die Mauern der Häuser schimmerten rosig, die Läden waren noch geschlossen. Nur Bäckerjungen in weißen Schürzen liefen durch die Straßen mit Körben auf

dem Kopf. Da kommt die erste Straßenbahn über die Brücke gerasselt.
Als Galamei sie hörte, zielte er geschickt und warf den Haken auf den Leitungsdraht der Straßenbahn. Nun, mit Gott.
Als die Elektrizität ihn durchfuhr, zuckte sein Körper krampfhaft tanzend auf, dann wand er sich dreifach gekrümmt auf der Erde.
Da gab es natürlich Lärm, Geschrei, die Schaffner, die Fahrgäste sprangen heraus, trugen Galamei zur Seite. Man schickte nach einem Arzt. Als einer zur Stelle war und ihn tüchtig rieb, öffnete Galamei noch einmal ein Auge.
»Nun«, fragte der Doktor, »wie fühlen Sie sich?«
»Ich fühle nichts mehr«, sagte er, »ich habe mich selbst geheilt. Gelobt sei Gott« – und gab den Geist auf.

1917

Die Cherubime

Jeder weiß, wie Cherubime aussehen: ein Köpfchen und Flügelchen, das ist alles. So werden sie auch in der Kirche gemalt.
Einer alten Bäuerin träumte einst, sie hätte lauter Cherubime in ihrer Stube. Sie fliegen und fliegen, schlagen mit den Flügeln wie Schwalben, flattern unter der Decke. Und jetzt niedriger – streifen sie den Vorhang, stoßen gegen die Lampe – und wieder zur Decke. Die Alte las ein Engelgebet und schließlich alle anderen Engelgebete, die sie kannte, aber die Cherubime flogen und flogen.
Sie taten der Alten so leid, sie geriet ganz aus der Fassung. Da sagte sie zu einem, der ihr gerade nah war:
»Aber, Verehrtester, so setze dich doch, ruhe aus. Du wirst ja ganz krank, wenn du weiter so herumfliegst.«
Doch der Cherubim von oben mit kläglicher Stimme:
»Ach, Mütterchen, ich würde mich ja gerne setzen, aber ich kann doch nicht.«
Und wirklich: ein Köpfchen und Flügelchen, das ist alles. Aus mehr bestehen sie nicht. Ja, da kann man nichts machen.

1917

Die Iwane

Es gab einmal ein Dorf Iwanicha; in diesem Dorf hießen alle Bauern Iwan, nur die Beinamen waren verschieden. Da war der Selbstverstümmler Iwan (er hatte sich im Schlaf ein Ohr abgebissen); der rasende Iwan; der Nasenbohrer Iwan; Iwan, der Ohrenspitzer; der tolle Iwan; der Meisterspucker Iwan. Es gab da so viele Iwane, man kann sie nicht alle aufzählen; wichtig ist nur, daß der Meisterspucker der Anführer von allen war. Es gibt Leute, die eggen und säen, doch die Iwane lagen, den Wanst nach oben, und spuckten in den Himmel, wer wohl dabei am höchsten käme.

»He da, ihr Iwane, ihr solltet lieber Weizen säen!«

Doch die Iwane nuschelten nur durch die Zähne: »Haltet's Maul«, und redeten davon, daß es irgendwo Neuland gebe mit Weizen erster Güte, mit Körnern so groß wie Gurkenkerne. Ja, das sei ein Weizen.

Und dann spuckten sie wieder um die Wette.

So faulenzten und faulenzten sie, und plötzlich begegnete ihnen das Glück. Woher es kam, wußte niemand zu sagen. Pferdegetrappel, Staubsäulen – ein Reiter verkündete im Dorf Iwanicha: die Iwane, die neues Land wollen – bitte sehr.

Die Iwane bekreuzigten sich, dann hängten sie sich, so fest sie konnten, an den Pferdeschwanz – und fort ging's. Vor ihren Augen flimmerte es: eine Kirche, Felder – Felder, eine Kirche.

Als der Reiter anhielt, war nirgendwo eine Behausung zu sehen, nur unbeackertes Land auf hundert Werst im Umkreis. Mitten darin wuchs ein Nesselbusch, aber was für einer: er hatte einen Stamm, den man gerade noch umfassen konnte, blickte man in seinen Wipfel, fiel einem die Mütze vom Kopf, und er brannte, daß man Blasen bekam, groß wie ein Halbrubelstück. Prüfend zerbröckelten die Iwane die Erde zwischen den Fingern: sie war pechschwarz, fett wie Butter.

»Nun Brüder, werft eure Schnappsäcke ab. Hier ist sie, die Erde erster Güte.«
Sie setzten sich im Kreis und kauten einen Knust mit Salz. Noch mal trinken, und dann an die Arbeit. Auf der Suche nach Wasser liefen sie hierhin und dorthin, aber Wasser fanden sie nicht. Es half nichts; erst mußten sie einen Brunnen graben.
Sie machten sich an die Arbeit. Die Erde war leicht wie Staub, die Schollen flogen nur so. Doch da hielt der Meisterspucker an, kniff die Augen zusammen:
»Brüder, ich meine, hier muß auch das Wasser besonders frisch sein, nicht gewöhnlich wie bei uns.«
Ihre Eisen trafen auf einen Stein – peng. Es war ein ganz schöner Brocken. Sie wälzten ihn fort – und schon sprudelte eine Quelle auf. Sie schöpften Wasser mit ihren Kellen, tranken. Das Wasser war kalt und rein – aber doch nur gewöhnliches Wasser wie überall. Der Meisterspucker nuschelte durch die Zähne:
»Halt, davon haben wir in Iwanicha genug. Grabt tiefer, es muß noch Wasser kommen, das viel besser ist als dieses hier.«
Sie gruben und gruben; bis zur dunklen Nacht gruben sie. Doch das Wasser blieb immer dasselbe. Unter dem Nesselbusch verbrachten sie eine unruhige Nacht. Am frühen Morgen begannen sie wieder zu graben. Sie waren schon sehr tief; es wurde ihnen unheimlich im Brunnenschacht. Eklige Würmer, nackte, rosige, andere mit großen Mäulern kamen gekrochen. Immer noch gruben sie. Endlich wurden sie müde, wollten es lassen. Aber der Meisterspucker oben, kaum konnten sie ihn noch hören, rief ihnen zu:
»Grabt tiefer, Brüder, tiefer. Es fehlt nur noch ganz wenig.«
Da trafen sie auf eine Schicht, die so hart war, daß das Grabeisen abprallte. Dazu störte das Wasser im Schacht, gutes Wasser, aber immer noch gewöhnliches wie in Iwanicha. Sie nahmen das Brecheisen, stießen zu – und plötzlich hörten sie einen dumpfen, dröhnenden Ton wie aus einem Faß. War da vielleicht eine Höhle? Mit aller Kraft stießen sie noch einmal nach, auf einmal ertönte ein furchtbares Grollen, und schon stürzte alles in die Tiefe: Wasser, Schutt, Erdklumpen, Werkzeug. Ihre Au-

gen verklebten sich, sie hörten nichts mehr. Schließlich fanden sie einen Halt.
Da rieben sich die Iwane die Augen und sahen unter sich... Gott steh uns bei: ein Loch, und durch das Loch schimmerte blauer Himmel. Sie sahen nach oben: da schimmerte auch, ganz fern, blauer Himmel. »Du lieber Gott, wir haben uns durch die Erde gegraben.«
Sie bekamen es mit der Angst; sie schoben die Mützen zusammen, und darauf ging es nach oben: der Selbstverstümmler dem Rasenden auf die Schulter, der Rasende dem Nasenbohrer, der Nasenbohrer dem Ohrenspitzer, der Ohrenspitzer dem Tollen, so kletterten sie allmählich heraus.
Glücklich oben angekommen, bearbeiteten sie erst mal den Meisterspucker von allen Seiten. Dann ihren Kram in die Schnappsäcke – und zurück nach Iwanicha, doch ohne Wasser, ohne Werkzeug; ja, was nun? Als einzigen Trost brachte jeder ein Krümchen Erde mit.
Sie zeigten die Krümchen den Nachbarn, aber die glaubten ihnen nicht.
»Ihr könnt uns was erzählen. Wenn dort die Erde wirklich so gut war, warum seid ihr nach Hause zurückgekommen?«
Doch davon, daß sie sich durch die Erde gegraben haben, davon werden sie kein Wörtchen sagen; man würde sie doch nur auslachen; sie galten schon immer als Aufschneider. Bis auf den heutigen Tag wird ihnen niemand glauben, daß sie neue Erde fanden.
Und doch war es so.

1920

Mohren

Es gab einmal eine Insel, wo Streit und Aufruhr war, und darauf ein Flüßchen. Auf dem diesseitigen Ufer wohnten die rothäutigen, die Unseren, am jenseitigen Ufer die anderen, die Mohren.
Am Morgen hatte man einen der Mohren von jenseits im Flüßchen gefangen. War der gut, reines Filet. Man kochte eine Suppe, man briet Koteletts mit Zwiebeln, Pfeffer und anderen leichtgesalzenen Gaumenkitzeln. Man aß sich voll. Der liebe Gott hatte diese Mahlzeit geschenkt.
Doch kaum hatte man sich hingelegt, um ein wenig zu ruhen, da – ein schriller Schrei. Die verfluchten Schwarzen hatten einen der Unseren entführt. Kopfloses Hin- und Herlaufen, doch vergeblich. Sie hatten ihm bereits das Fell abgezogen und brieten Schaschlik.
Da riefen die Unseren zu den anderen über den Fluß:
»Pfui, ihr Menschenfresser, ihr Mohren, ihr widerlichen.«
»Was wollt ihr denn?« antworteten die von drüben.
»Habt ihr noch ein Gewissen? Ihr verspeist mit Behagen einen Rothäutigen. Denkt ihr euch gar nichts dabei?«
»Und ihr, habt ihr nicht Koteletts aus einem der Unseren gemacht? Wessen Knochen liegen denn da?«
»Ihr Idioten! Ja, wir haben einen Schwarzhäutigen gegessen, aber ihr einen von uns, einen Rothäutigen. War euch das etwa erlaubt? Die Teufel werden euch dafür im Jenseits rösten.«
Die anderen jenseits des Flusses, die Schwarzen, rissen nur ihre Augen auf, daß man das Weiße schimmern sah, grinsten und fraßen weiter, als hörten sie nicht. Sie sind wirklich ein Volk ohne Moral, mit einem Wort: Mohren.
Ja, solche abgefeimten Mißgeburten gibt es auf der Welt.

1920

Der Schlingschlund

Ein Krachen, die Sterne fielen vom Himmel wie reife Birnen. Der Himmel wurde leer wie ein herbstliches Stoppelfeld, über dem der Wind unheimlich pfeift und heult. Und gleich Menschen, die man am fernen Horizont wie schwarze, kleine Käfer dahinkriechen sieht, so krochen am leeren Himmel eine schwarze Sonne und ein schwarzer Mond, als hätten sie sich in die schwarzsamtenen Priestergewänder für den Karfreitagsgottesdienst gehüllt, schwarz, damit die Auferstehung um so heller erstrahle.

Sieh, da kommt der Schlingschlund über die Erde gestampft. Mit seinen Bärentatzen fällt er schwer einmal auf das rechte, dann auf das linke Bein. Sein bleicher, eingedrückter, kahler Kopf gleicht dem Totenkopf eines Ebers. Hinten hängen ihm Haarsträhnen wie bei einem Pilger bis auf die Schultern. Sein Gesicht aber sitzt auf dem Bauch; es erinnert an einen Menschen; seine Augen sind zusammengekniffen. Wo aber bei einem Menschen der Nabel ist, da öffnet sich bei ihm ein riesiger Schlund.

Großvater Kotschet pflügte auf dem Feld für die Wintersaat. Er trug ein Hemd aus Hanfleinwand, seine Hosen waren scheckig von vielen Flicken. Das Haar hatte er hinten zusammengebunden, damit es ihm nicht in die Augen fiele. Der Alte sah an den Himmel – und entsetzte sich. Aber er pflügte weiter, denn gepflügt muß werden.

Plötzlich war der Schlingschlund ganz nah hinter ihm. Das Scheusal kann die Augen nicht öffnen. Was ihm in den Weg kommt, zerstampft es.

»Wer bist du?« fragte der Alte.

Der Schlingschlund riß sein Maul auf, da, wo beim Menschen der Nabel sitzt, und aus seinem Bauch tönte es dumpf: »Was stehst du mir im Weg?« Dann öffnete er sein zweites Maul, das

im Eberkopf, und – happ. Nur die Bastschuhe des Alten waren noch zu sehen.
Wie aus der Tiefe der Erde, ganz schwach, hörte man noch seine Stimme:
»Und die Saat, es wird keine Ernte geben!«
Aus dem Bauch des Schlingschlunds antwortete es:
»Was geht das mich an...« – Der Alte ward nicht mehr gesehen.
Auf einem Waldweg pflückte das Mädchen Olenka Blumen, die ersten Glockenblumen im Jahr. Ihre bloßen Beine schimmerten weiß zwischen den Blüten. Und wie ein goldenes Glöckchen fing sie an zu singen: von der Schwiegermutter, dem bösen Ehemann; es war herzergreifend. Da stampfte der Schlingschlund auf Olenka zu.
»Was tust du auf meinem Weg?« Happ – nur Olenkas nackte, weiße Hacken sah man noch zucken.
Aus der Tiefe des Bauches konnte Olenka gerade noch rufen:
»Und mein Lied?«
»Was geht das mich an?« tönte der Schlingschlund dumpf aus seinem Bauch und verschluckte auch noch die weißen Hakken.
Überall, wo der Schlingschlund stampfte, wurde es leer und öde. Nur hinter ihm türmten sich Berge von Mist.
Die Menschen hätten nicht überlebt, wäre da nicht ein Hausierer gewesen mit einem ganz gewöhnlichen Namen, vielleicht Petrow oder Sidorow; er war ganz unauffällig, nur findig und gewitzt, ein richtiger Jaroslawler[1].
Der Hausierer erkannte: Der Schlingschlund wendet sich nicht um, er stampft immer nur geradeaus, er kann sich gar nicht umwenden.
Mit dem schlauen Grinsen eines Jaroslawlers drückte er sich heimlich hinter ihn. Das war – selbstverständlich – nicht gerade angenehm. Bis zu den Knien im Misthaufen, verschlug es ihm fast den Atem, aber dafür war es – die Rettung.
Nach dem Jaroslawler Hausierer begriffen es auch die anderen.

Husch – hinter den Schlingschlund – es war die reinste Osterprozession, wie sie einer hinter dem anderen gingen. Nur einige Dummköpfe, einige ganz Blöde, schafften es nicht, sich hinter dem Rücken des Schlingschlunds zu verstecken.
Die blöden Dummköpfe hatte der Schlingschlund schnell aufgefressen, dann – was wunder – verreckte er aus Nahrungsmangel. Die Jaroslawler aber erholten sich schnell. Sie lobten und dankten Gott, denn der viele Mist hatte das Land fett und fruchtbar gemacht. Es würde eine reiche Ernte geben.

1920

1 In der russischen Folklore gilt der Jaroslawler als besonders wendig und einfallsreich.

Die Kirche Gottes

Eines Tages beschloß Iwan, eine Kirche zu bauen, eine solche, daß es dem Himmel heiß und den Teufeln übel würde. In der ganzen Welt sollte diese Kirche berühmt sein.
Nun ist es bekanntlich ein Unterschied, ob man eine Kirche oder eine Hütte baut. So begann Iwan nachzudenken, wie er sich Geld für die Kirche verschaffen könne.
Es ging schon auf den Abend zu, da setzte er sich unter eine Brücke, die über einen Hohlweg führt. Eine Stunde verging, eine zweite, dann hörte er Hufschlag. Die Troika eines reisenden Kaufmanns fuhr über die Brücke.
Iwan pfiff wie der Zmei Gorynitsch[1]. Die Pferde bäumten sich auf, der Kutscher, bums – auf die Erde, der Kaufmann in seinem Reisewagen zitterte wie Espenlaub.
Erst machte Iwan den Kutscher still, dann beschäftigte er sich mit dem Kaufmann.
»Gib das Geld heraus!«
Der Kaufmann verlegte sich aufs Schwören: »Was denn für Geld?«
»Du Idiot, das Geld für die Kirche natürlich. Ich will eine Kirche bauen. Gib das Geld heraus!«
Der Kaufmann schwor bei allem, was ihm heilig war:
»Ich werde die Kirche selbst bauen.«
»Du selbst, na, das werden wir sehen.«
Unter einem Busch schichtete Iwan einen Holzstoß auf, bekreuzigte sich und begann, mit einem Span dem Kaufmann die Hacken zu rösten. Der Kaufmann hielt es nicht lange aus und zeigte, wo er sein Geld versteckt hatte: im rechten Stiefel Hunderttausend und im linken noch einmal Hundert.
Da verbeugte sich Iwan mit der Stirn bis zur Erde: »Dank dir, o Herr, nun kann ich die Kirche bauen.«
Er bedeckte den Holzstoß mit Erde. Der Kaufmann ächzte

noch einmal, zog die Beine bis an den Bauch – und gab den Geist auf. Da kann man nichts machen. Schließlich starb er für Gott.
Iwan begrub Kaufmann und Kutscher, betete für die Ruhe ihrer Seelen und fuhr zur Stadt. Er bestellte Maurer, Tischler, Bildermaler und Vergolder. Und da, wo er den Kaufmann und den Kutscher begraben hatte, ließ er eine Kirche erbauen, höher als der Iwan Weliki[2]. Ihre Kreuze ragten hoch in die Wolken hinein, die blauen Kuppeln waren mit Sternen geschmückt, die Glocken leuchteten rötlich golden, es war die Kirche der Kirchen.
Iwan gab bekannt: die Kirche Gottes ist fertig, kommt alle, um sie einzuweihen. Da strömte eine Menge Volk zusammen. Selbst der Bischof kam in einer goldenen Karosse, mit ihm vierzig Priester und vierzig mal vierzig Diakone. Der Gottesdienst hatte gerade angefangen, da wies der Bischof mit dem Finger auf Iwan:
»Warum«, fragte er, »herrscht hier ein so schlechter Geruch? Geh zu den alten Weibern und erinnere sie, daß sie hier nicht zu Hause auf ihren Bettladen sind, sondern in der Kirche Gottes.«
Iwan sagte es den Weibern. Darauf verließen die Weiber die Kirche: und doch roch es noch immer. Da gab der Bischof den Priestern mit dem Finger ein Zeichen: alle vierzig Priester setzten ihre Weihrauchgefäße in Bewegung; aber – es half nichts. Der Bischof wandte sich an die Diakone: die vierzig mal vierzig Diakone weihräucherten: der schlechte Geruch wurde immer stärker, man konnte kaum noch atmen; da wußten alle: der Geruch kam nicht von den alten Weibern, nein, das war Leichengeruch. Dem Gottesdienst wollte niemand mehr folgen. Das Volk stürzte aus der Kirche, die Diakone stahlen sich davon, hinter ihnen die Priester: nur der Bischof stand noch auf seinem Bischofsteppich, vor ihm Iwan, totenbleich.
Durchbohrend blickte der Bischof ihn an, dann verließ er wortlos die Kirche.

Ganz allein blieb Iwan in seiner Kirche zurück, den Totengeruch konnte niemand ertragen.

1920

1 Im russischen Märchen ein Drache, der in Gebirgshöhlen wohnt.
2 Der Glockenturm des Moskauer Kremls.

Donnerstag

In einem Wald lebten einmal zwei Brüder: ein älterer (Bolschenki) und ein jüngerer (Menschenki). Der Ältere konnte weder lesen noch schreiben, doch der Jüngere war ein Bücherfreund. Kurz vor Ostern erhob sich zwischen ihnen ein Streit. Der Ältere sagte:

»Heute ist das heilige Osterfest. Wir können das Fasten beenden.«

Aber der Jüngere sah in seinen Kalender und entgegnete:

»Nein, es ist erst Donnerstag.«

Der Ältere war kein schlechter Kerl, nur leicht reizbar, schnell verbiestert und ertrug keine Widerrede. Er wurde böse. Mit dem Beil in der Hand trat er an den Bruder heran:

»Du willst nicht aufhören zu fasten? Du sagst, es ist Donnerstag?«

»Ja, ich faste weiter. Es ist Donnerstag.«

»Da hast du deinen Donnerstag!« Der Ältere erschlug den Jüngeren mit dem Beil und schob ihn unter die Bank.

Er heizte den Ofen und aß die guten Dinge, die Gott uns gibt, denn die Fastenzeit war vorüber. Dann setzte er sich unter die Heiligenbilder und war zufrieden. Aber da begann ein Heimchen hinter dem Ofen zu zirpen:

»Tschetwerg, Tschetwerg, Tschetwerg!«[1]

Der Ältere wurde wütend, kroch unter den Ofen, um das Heimchen zu fangen. Er kroch lange herum: als er endlich mit Ruß bedeckt hervorkroch, sah er schwarz und furchterregend aus. Er erschlug das Heimchen mit dem Beil. Von der Anstrengung war ihm heiß geworden. Er öffnete das Fenster, setzte sich unter die Heiligenbilder, zufrieden: nun hatte er Ruhe.

Doch da ließen sich unter dem Fenster aus allen möglichen Verstecken die Spatzen hören:

»Tschetwerg, Tschetwerg, Tschetwerg!«

Da wurde der Ältere noch zorniger und jagte mit dem Beil nach den Spatzen. Einige konnte er mit dem Beil erschlagen, andere entwischten ihm.
Gott sei Dank, das verfluchte Tschetwerg war endlich erschlagen. Sein Beil war schon ganz stumpf davon.
Er begann das Beil am Schleifstein zu wetzen. Doch da tönte es wieder:
Tschetwerg, Tschetwerg, Tschetwerg.
»Jetzt sagt es auch schon mein Beil. Ich gebe es auf.« Er warf das Beil auf die Erde und verkroch sich im Gebüsch. Dort lag er bis zum heiligen Osterfest.
Am heiligen Osterfest erhob sich der Jüngere von den Toten – das versteht sich. Er kroch unter der Bank hervor und sagte zu dem Älteren:
»Laß es gut sein, Bruder, steh auf. Du Dummer wolltest ein Wort erschlagen. Komm: wir wollen uns lieber den Osterkuß geben.«

1917

1 Tschetwerg: (russ.) Donnerstag.

Das erste Märchen vom Fita[1]

Eines Tages war das Fita im Keller des Polizeireviers ganz von allein entstanden, in dem Keller, in dem abgelegte Akten aufbewahrt werden. Uljan Petrowitsch, der Reviervorsteher, hörte: dort unten schabt, klopft etwas. Er machte die Tür auf: Wolken von Staub – er mußte immerfort niesen, aber dann sah er, wie ein kleines, graues, von Staub bedecktes Fita hervorkroch, von Geschlecht anscheinend männlich, mit einem roten, numerierten Siegel, das an einem Fädchen hing. Eben erst entstanden, war es schon voll Würde, glatzköpfig und schmerbäuchig, ganz wie ein Hofrat – und sein Gesicht, nein, es hatte kein Gesicht, denn es war ja nur ein Fita.

Das Fita gefiel dem Reviervorsteher Uljan Petrowitsch sehr. Er nahm es an Sohnes Statt und quartierte es in einem Winkel der Kanzlei ein. Dort wuchs es heran. Es schleppte aus dem Keller alte, numerierte Berichte und hängte sie eingerahmt in seinem Winkel auf, zündete eine Kerze an und betete in stiller Andacht davor; das Siegel baumelte dabei um es herum.

Einmal kam Uljan Petrowitsch, der sich als Vater betrachtete, zum Winkel des Fita und sieht, wie es sich über ein Tintenfaß beugt und saugt.

»Nanu, Fita, alter Schlingel, was machst du denn da?«

»Ich trinke Tinte«, antwortete es, »ich muß doch etwas zu mir nehmen.«

»Schon gut, trinke nur Tinte, sie wird ja vom Staat geliefert.«

So ernährte sich das Fita von Tinte.

Die Folge war – fast klingt es wie ein Scherz: das Fita brauchte nur die Feder im Mund anzufeuchten, und schon konnte es schreiben, denn aus seinem Mund floß Tinte, richtige Tinte wie auf jedem beliebigen Polizeirevier. Das Fita kritzelte eifrig alle möglichen Berichte, Eingaben, Erlasse und hängte sie bei sich im Winkel auf.

»Fita«, sagte der Reviervorsteher, der sich als Vater betrachtete, »du wirst sicher Gouverneur werden.«
Und wie Uljan Petrowitsch vorausgesehen hatte, so geschah es: ein Jahr darauf wurde das Fita Gouverneur.
Es war ein schweres Jahr – nun, wie es eben so ist: Cholera und Hunger.
Mit Eilpost reiste das Fita in sein Gouvernement, versammelte unverzüglich die Einwohner und fragte:
»Was gibt es hier? Cholera, Hunger? Ich werde euch... Was habt ihr dagegen getan?«
Die Einwohner kratzten sich am Kopf.
»Getan? Eigentlich nichts. Die Ärzte haben ein bißchen was gegen die Seuche versucht. Und wegen dem Hunger müssen wir wohl um Brot aus den staatlichen Vorräten bitten.«
»Ich werde euch... Ärzte... staatliche Vorräte...«
Das Fita feuchtete seine Feder an:
Erlaß Nr. 666. Mit heutigem Datum tritt folgende Verordnung in Kraft. Der Hunger im Gouvernement ist durch mich gesetzlich abgeschafft. Hiermit wird den Bürgern befohlen, unverzüglich satt zu sein. Gezeichnet: Fita.
Erlaß Nr. 667. Mit dem heutigen Datum wird mit sofortiger Wirkung das Ende der Cholera verfügt. Mit Hinblick auf obige Erklärung werden alle diejenigen ihres Amtes enthoben, die sich eigenmächtig als Ärzte bezeichnen. Diejenigen, die entgegen der Vorschrift angeben, an Cholera erkrankt zu sein, werden kraft Gesetzes mit einer Körperstrafe belegt. Gezeichnet: Fita.
Dieser Erlaß wurde in den Kirchen verlesen und überall an die Zäune geklebt. Die Bürger hielten Dankgottesdienste ab und errichteten noch am selben Tag dem Fita ein Denkmal auf dem Marktplatz. Da stolzierte das Fita voll Würde, glatzköpfig und schmerbäuchig einher, zuckelte mit dem Siegel, hatte brummelnd stets etwas auszusetzen: er ging wie ein Truthahn, der sich wichtig Staub von den Flügeln plustert.
Ein, zwei Tage vergingen. Am dritten Tag meldete sich ein Cholerakranker auf der Kanzlei des Fita. Er wand sich in Krämpfen.

Anscheinend wußte das Volk noch immer nicht, wie es sich zu verhalten hatte. Das Fita befahl, an dem Kranken die gesetzliche Körperstrafe zu vollziehen. Der Kranke ging nach Hause – und starb, ohne die Verfügung zu beachten.
Und sie starben, starben. Sie starben an der Cholera, sie starben an Hunger. Schon gab es nicht mehr genug Polizisten, um die Gesetzesübertreter entsprechend zu bestrafen.
Da kratzten sich die Bürger wieder am Kopf und beschlossen einmütig: die Ärzte sollten zurückkommen und man müsse Brot aus den staatlichen Lagern holen. Das Fita aber schleppten sie aus der Kanzlei und belehrten es nach Bauernart: unser Volk ist ungehobelt, roh.
Man erzählt sich: das Fita endete ebenso seltsam, wie es entstanden war: es wehrte sich nicht, schrie nicht, wurde nur kleiner und kleiner, fiel schließlich zusammen wie die amerikanischen Teufel zum Aufblasen. Nur ein Tintenklecks blieb von ihm übrig und das Siegel mit der Nummer daran.
Als die Einwohner genauer hinsahen, erkannten sie: es war das Siegel des Antichrist. Um es nicht zu berühren, wickelten sie es in einen Lappen und gruben es an der Friedhofsmauer ein.

1917

1 Fita ist ein nicht mehr gebräuchlicher Buchstabe des kyrillischen Alphabets; es bezeichnet den Laut »f«, der aus dem griechischen »th« entstand.

Das zweite Märchen vom Fita

Als das Fita durch Erlaß die Cholera abgeschafft hatte, freuten sich die Bürger ihres Lebens und tanzten vor Glück. Zweimal täglich mischte sich das Fita unters Volk, plauderte mit den Kutschern und ergötzte sich an seinem eigenen Denkmal.
»Liebe Leute, wessen Denkmal ist das?«
»Das weiß der Herr nicht? Das ist unser Regierender, der Herr Fita.«
»Ach so, ach so. Habt ihr vielleicht Wünsche? Ich kann sie leicht erfüllen.«
Nahe der Kathedrale war das Fuhrmannsamt gelegen. Da blickte ein Fuhrmann auf das Denkmal, dann auf die Kathedrale und sagte dem Fita:
»Ja, wir haben neulich darüber gesprochen. Es stört uns, daß wir um die Kathedrale herumfahren müssen. Wenn wir einen geraden Weg über den Platz hätten...«
Das Fita kannte nur eines: alles für das Volk; und es konnte sehr schnell denken, so schnell wie eine Kanonenkugel. Es schoß in seine Kanzlei, und schon war der Erlaß fertig:
»Hiermit verfüge ich, daß die in der Stadt befindliche Kathedrale unbekannter Herkunft unverzüglich abzureißen ist. Anstelle obenerwähnter Kathedrale ist eine geradlinige Fahrstraße für die Herren Fuhrleute anzulegen. Um etwaigen Vorurteilen zu begegnen, werden meine Sarazenen mit der Ausführung dieses Erlasses beauftragt. Gezeichnet: Fita.«
Am Morgen waren die Bürger starr vor Staunen: unsere Kathedrale, guter Gott. Sie wimmelte von oben bis unten von Sarazenen, an allen fünf Kuppeln, sogar oben auf dem Kreuz, an den Wänden saßen sie wie die Fliegen. Schwarz und nackt, nur mit einem Seil um den Leib, arbeiteten sie, einige mit den Zähnen, andere mit Pfriemen, mit Stangen und Rammen, daß man vor Staub kaum etwas sehen konnte.

Schon waren die blauen Kuppeln mit den silbernen Sternen abgetragen, schon schien der rote Ziegelstein wie Blut unter den weißen Wänden hervor.

Die Bürger zerflossen in Tränen:

»Unser Wohltäter, großer Fita, erbarmen Sie sich! Wir wollen ja gern drum herumfahren, aber lassen Sie uns die Kathedrale!«

Das Fita kommt eitel daher, würdig, schmerbäuchig, sieht den Sarazenen zu. Die arbeiten, daß es eine Lust ist. Endlich blieb es vor den Bürgern stehen, die Hände in den Taschen:

»Ich wundere mich über euch, Bürger. Das alles geschieht für das Volk. Die Verbesserung der Verkehrswege für leichte Fuhrwerke ist lebenswichtig, aber eure Kathedrale, die ist doch Mumpitz.«

Da erinnerten sich die Bürger: es war vor gar nicht so langer Zeit, da rückte der Tatare Mamai gegen die Kathedrale vor. Von Mamai[1] hatten sie sich freikaufen können. Vielleicht würde es ihnen auch mit dem Fita gelingen? Als Gabe schickten sie dem Fita Naturalien: drei besonders hübsche Mädchen und ein Viertelpfund Tintenpulver.

Das Fita stampfte nur voller Zorn mit den Füßen und schrie die Bürger an:

»Raus, sofort. Wer war schon Mamai! Euer Mamai, der war ein Waschlappen. Mein Befehl bleibt bestehen – und damit basta.«

Und er trieb seine Sarazenen an. »Schneller, Freunde, strengt euch an. Das Vieh kommt schon nach Hause zurück.«

Bei Sonnenuntergang war von der Kathedrale nur ein Schutthaufen übrig. Eigenhändig zog das Fita mit Kreide eine schnurgerade Straße. Die ganze Nacht arbeiteten die Sarazenen, und am Morgen führte über den Marktplatz eine Straße, eine ganz gerade; es war eine Lust, sie zu betrachten.

Am Anfang und am Ende der Straße ließ das Fita Säulen errichten, die mit der schwarzgelben Farbe von Schilderhäuschen gestrichen waren. Sie trugen die Aufschrift:

»In dem und dem Jahr, an dem und dem Tag wurde die Kathedrale unbekannter Herkunft auf Befehl unseres Regierenden,

des Herrn Fita, abgerissen und auf Befehl ebendesselben Regierenden diese Straße von hundertundzwanzig Metern Länge zur Abkürzung des Weges für leichte Fuhrwerke angelegt.
Damit entsprach der Marktplatz endlich den Erfordernissen der Kultur.

1917

1 Heerführer der Tataren im 14. Jahrhundert.

Das dritte Märchen vom Fita

Die Bürger führten sich außerordentlich gut. Da verkündete das Fita um fünf Uhr nachmittags die allgemeine Freiheit und entließ für immer alle Wachtposten. Doch bereits von fünf Uhr nachmittags an standen vor den Polizeirevieren, an den Straßenkreuzungen, vor den Wachen, überall – Freiwillige.
Die Bürger bekreuzigten sich: Heilige Mutter Gottes. So weit ist es gekommen. Seht nur, da steht einer im langen Kaftan; statt der Soldaten ein Zivilist.
Das Wichtigste war: die Freiwilligen im Kaftan verstanden ihre Arbeit, als seien sie als Wachmänner zur Welt gekommen. Sie schleppten die Bürger auf die Polizeireviere, und dort – immer in die Fresse und in die Rippen, so wie es sich gehört. Die Bürger schluchzten laut vor Freude:
»Dank sei dir, Herr, wir haben es geschafft. Jetzt prügelt nicht irgendwer, sondern es sind die Unseren, die freien Bürger. Hört sie nur, Brüder: ›Wir nehmen euch den Kaftan ab, damit's euch besser über den Rücken zieht. Herunter auf den Boden. Ja, so ist es gut!‹ Dank sei dir, o Herr.«
Die Bürger drängelten sich, um möglichst schnell im Gefängnis einzusitzen, denn so schön war es dort noch nie. Den Bürgern fehlten die Worte dafür. Man durchsucht dich; man sperrt dich ins Loch; man kontrolliert dich durch die Zellenfenster, aber das machen alles die Unseren, die freien Bürger. Dank sei dir, Herr.
Bald reichte der Platz im Gefängnis nicht mehr aus. Man ließ nur noch die wichtigsten Bürger hinein. Die übrigen mußten am Eingang warten; sie umlauerten die ganze Nacht den Eingang und kauften Eintrittskarten bei den Schwarzhändlern auf. Dieser Zustand war unhaltbar, daher verfügte das Fita: Diebe und Taugenichtse sind aus dem Gefängnis zu entlassen und unter Verlust der Ehre in alle Welt zu jagen.

Man jagte die Diebe und Taugenichtse in alle Welt, und so fanden die Bürger, die hineinwollten, allmählich Platz.
Auf den Straßen wurde es leer. Man sah nur noch Bürger im Kaftan. Das gefiel dem Fita nicht. Es erließ eine neue Verfügung:
»Hiermit wird den Bürgern die uneingeschränkte Freiheit verordnet, Hymnen zu singen und in Nationalkostümen zu paradieren.«
Jeder weiß, aller Anfang ist schwer. Hilfreich drückten daher Unbekannte den Bürgern gegen Empfangsquittung den Text einer vorbildlichen Hymne in die Hand. Aber die Bürger – wirklich ein dummes und unaufgeklärtes Volk – trauten sich noch immer nicht und verkrochen sich in ihren elenden Hütten.
Da schickte das Fita die Freien in den langen Kaftanen durch ihre Behausungen; die sollten die Bürger überreden, Mut zu fassen, da doch nun die Freiheit herrsche. Die Freien überredeten die Bürger im Genick, im Gesicht – schließlich hatten sie es geschafft.
Am Abend war es wie am heiligen Osterfest. Was heißt schon Ostern!
Überall sangen eigens geladene Nachtigallen. In ausgerichteten Kolonnen marschierten die Bürger, in Nationalkostüme gekleidet, im Gleichschritt, und jede Kolonne begleiteten die Freien mit einer Kanone. Einstimmig und freudig sangen die Bürger die Texte der vorgeschriebenen Hymne:

Heil dir, Heil, unser Herr und Zar,
du von Gott uns geschenkter Fita-Gosudar[1].

Seine Verpflichtungen wahrnehmend, grüßte das Fita in gemessenen Abständen von seinem Balkon.
Ein solcher Erfolg war noch nicht dagewesen. In einhelliger Begeisterung beschlossen die Bürger, von den Freien geleitet, täglich von eins bis zwei freiwillig in der Kolonne zu marschieren und dabei die entsprechenden Hymnen zu singen.

In dieser Nacht schlief das Fita zum ersten Mal ohne Sorgen. Die Aufklärung der Bürger schritt sichtlich voran.

1917

[1] Gosudar: (russ.) Herrscher, auch Fürst.

Das letzte Märchen vom Fita

In der Stadt gab es einen Apotheker; der war sehr klug. Er erzeugte einen Menschen, nicht wie wir Sünder es tun, sondern in einer gläsernen Retorte. Es gab wohl nichts, das er nicht fertigbrachte.
Diesen Apotheker befahl das Fita zur Audienz.
»Tu mir den Gefallen, Bester, und sage mir, warum sind meine Bürger in ihrer Freiheit so verdrossen?«
Der kluge Apotheker sah aus dem Fenster: da standen Häuser, die mit geschnitzten Pferdeköpfen geschmückt waren, andere jedoch hatten Hähne. Da waren Bürger, die in Hosen gingen, andere trugen Röcke.
»Das ist sehr einfach«, antwortete er. »Herrscht bei uns etwa Ordnung? Es muß doch alles gleich sein, in jeder Beziehung.«
»Ach, das ist es.«
Darauf mußten die Bürger, zugweise eingeteilt, auf den Anger vor der Stadt marschieren. Dann wurde die verlassene Stadt an allen vier Enden angezündet. Sie brannte bis auf die Grundmauern ab. Nur eine leere, schwarze Fläche blieb übrig mit dem Denkmal des Fita in der Mitte.
Die ganze Nacht hörte man Sägen kreischen und Hämmer klopfen. Gegen Morgen war es geschafft: man hatte eine Baracke gebaut wie zur Zeit der Cholera, acht Kilometer lang, mit kleinen Verschlägen auf beiden Seiten, die Nummern hatten. Jedem Bürger wurde ein Verschlag, ein blechernes Nummernschild mit einer Nadel zum Anstecken und eine Uniform aus grauem Tuch zugeteilt.
Wenn die Bürger antraten, jeder vor seinem Verschlag, das Nummernschild am Gürtel, glichen sie aus der Asche erstandenen Phönixen, glänzend wie neue Zehnkopekenstücke. Dieser Anblick war so erhebend, daß das Fita, so kräftig es war, ein Nasenkitzeln überkam; es sagte, nein, es sagte nichts, winkte

nur mit der Hand und schlüpfte in seinen Verschlag Nr. 1. Dank sei dir, o Herr. Nun kann ich in Frieden sterben...
Kaum graute der Morgen – es hatte noch nicht geschellt – (den Bürgern wurde zum Aufstehen mit einer Glocke geschellt), da klopfte es an die Tür Nr. 1:
»Wir sind, Ihro Gnaden, Abgesandte in einer äußerst wichtigen Sache.«
Das Fita trat heraus. Vier ehrbare Bürger in Uniform, glatzköpfig, betagt. Sie verbeugten sich tief vor dem Fita.
»Wer hat euch geschickt?«
Die vier würdigen Alten wie aus einem Munde:
»Was soll das? Es ist unmöglich! Heißt das Ordnung? Wir kommen von den Glatzköpfigen, versteht sich. Also da trägt der Apotheker Locken, andere haben einen Rundschnitt, und wir – sollen glatzköpfig sein? Das nehmen wir nicht länger hin.«
Das Fita dachte lange nach: alle den Lockigen gleichmachen, nein, das ging nicht. Man mußte alle den Glatzköpfigen angleichen. Also winkte er seinen Sarazenen. Sie eilten, flogen von allen vier Himmelsrichtungen herbei: alle wurden kahlgeschoren, das männliche und das weibliche Geschlecht: alle Köpfe glichen einem kahlen Knie. Der kluge Apotheker sah seltsam aus, er erinnerte an einen geleckten Kater mit regennassem Fell.
Man war noch nicht mit dem Scheren fertig, da wurde schon wieder nach dem Fita gefragt; es war wieder eine Deputation. Das Fita kam grimmig aus seinem Verschlag:
»Was gibt es denn nun noch?«
Und die Deputation:
»Hi, hi«, kichert einer in seine Faust, »hi, hi«, ein anderer. Allen läuft die Nase.
»Wer hat euch geschickt?« knurrte das Fita.
»Ja, wir... hi, hi, wir kommen zu Euer Gnaden, wir kommen von den Schwachsinnigen. Hi, hi, wir beklagen uns – hepp – weil – hepp – alle sollen gleich sein...«
Mit dunkelumwölkter Stirn kehrte das Fita in seinen Verschlag Nr. 1 zurück. Es schickte nach dem Apotheker.

»Hast du gehört, Bruder?«
»Ich habe gehört«, bestätigte der Apotheker mit schwacher Stimme, den Kopf hatte er in ein Kattuntuch gewickelt; mit der ungewohnten Glatze fror er sehr.
»Was sollen wir nun machen?«
»Ja, was nur: irgend etwas muß geschehen, zurück können wir nicht mehr.«
Vor dem Abendgebet verlas man den Bürgern die neue Verfügung: alle hätten Idioten zu sein – vom morgigen Tag an.
Die Bürger stöhnten, aber was sollten sie machen? Auflehnung gegen die Obrigkeit war undenkbar. Zum letzten Mal schlugen sie ihre gelehrten Bücher auf, lasen bis zum Abendläuten. Mit dem Läuten legten sie sich schlafen, am anderen Morgen erwachten sie – als Idioten. Ihre Fröhlichkeit – es war ein rechtes Unglück. Sie stoßen sich gegenseitig mit den Ellbogen – hi, hi! hi, hi! Ihr einziges Gesprächsthema ist: gleich werden die Freien im Kaftan kommen und die Tröge mit Grütze bringen. Heute wird es Gerstengrütze sein.
Das Fita spazierte stolz auf dem acht Kilometer langen Korridor umher und stellte fest: alle sind fröhlich. Da wurde ihm leichter. Es war geschafft. In seinem Verschlag umarmte es den klugen Apotheker.
»Dank dir, Bruder, für den Rat. Ich werde das nie vergessen.«
Doch der Apotheker antwortete nur: Hi, hi.
Jetzt kam es darauf an – das Fita war allein übriggeblieben: es mußte für alle denken.
Doch kaum hatte sich das Fita in seine Nr. 1 zurückgezogen, um zu denken, da klopfte es wieder an die Tür. Aber das war schon kein Klopfen mehr, die Tür wurde förmlich eingedrückt, sinnloses Drängen und Lärmen:
»He, Bruder, du führst uns nicht an der Nase herum. Wenn wir auch Idioten sind, aber – hepp – etwas verstehen wir doch. Du, Bruder, wirst gefälligst verdummen. Ja, ja, du kommst nicht darum herum.«
Das Fita warf sich auf sein Bett, weinte. Aber zu machen war da nichts.

»Nun, Gott mit euch, wie ihr wollt. Aber gebt mir noch bis morgen Frist.«
Den ganzen Tag brachte es mit den Idioten zu und wurde zusehends dümmer. Am anderen Morgen war es soweit, es geht umher wie die anderen – hi, hi.
Nun begann für alle ein glückliches Leben. Es gab auf der ganzen Welt keine glücklicheren Idioten.

1917

Essays

»Morgen«[1]

Jedes Heute ist gleichzeitig eine Wiege und ein Totenkittel: ein Totenkittel für das Gestern, eine Wiege für das Morgen. Das Heute, das Gestern und das Morgen sind gleich nahe und gleich weit voneinander entfernt: sie sind ein Geschlecht – Großväter, Väter und Enkel; die Enkel werden immer die Väter lieben und hassen, und die Väter werden immer die Großväter hassen und lieben.

Das Heute ist verurteilt zu sterben: weil das Gestern starb und weil das Morgen geboren wird. Das ist ein grausames und weises Gesetz: grausam, weil es diejenigen, die schon heute die fernen Gipfel des Morgen erblicken, dazu verdammt, ewig unbefriedigt zu sein; weise, weil nur ewiges Ungenügen das Pfand für ewig neue Bewegung, für ewiges Schaffen ist. Derjenige, der sein Ideal im Heute fand wie das Weib des Loth, ist verurteilt, zur Salzsäule zu werden; er ist mit der Erde verwachsen, er bewegt sich nicht mehr. Die Welt lebt nur durch die Häretiker: Christus war ein Häretiker, Kopernikus war ein Häretiker, Tolstoi war ein Häretiker. Unser Glaubensbekenntnis ist die Häresie: das Morgen wird immer Häresie für das Heute bedeuten, das verurteilt ist, zur Salzsäule zu werden; wird Häresie für das Gestern bedeuten, das schon zu Staub zerfallen ist. Das Heute verneint das Gestern, aber dann erscheint die Verneinung der Verneinung – das Morgen: darin besteht der dialektische Weg, der die Welt in einer großartigen Parabel in die Unendlichkeit führt. These – das Gestern, Antithese – das Heute, Synthese – das Morgen.

Gestern gab es einen Zaren und gab es Sklaven; heute gibt es keinen Zaren mehr, aber die Sklaven sind geblieben; morgen wird es nur noch Zaren geben. Wir kämpfen für den freien Menschen von morgen, der ein Zar sein soll. Wir haben die Epoche der Unterdrückung der Massen erlebt; wir erleben heute die

Unterdrückung des Einzelnen im Namen der Massen; das Morgen wird die Befreiung des Einzelnen im Namen des Menschen bringen. Der imperialistische Krieg und der Bürgerkrieg haben den Menschen zu Kriegsmaterial gemacht, zu einer Nummer, zu einer Ziffer. Der Mensch wurde vergessen – um des Sabbats willen; wir wollen an das Umgekehrte erinnern: an den Sabbat um des Menschen willen.
Die einzige Waffe, die des Menschen – des Menschen von morgen – würdig ist, ist das Wort. Mit dem Wort hat die russische Intelligenz, hat die russische Literatur zehn Jahre hindurch für das große Morgen des Menschen gekämpft. Jetzt ist es Zeit, von neuem diese Waffe zu erheben. Der Mensch stirbt. Der stolze homo erectus kriecht auf allen vieren, ihm sind Hauer und Wolle gewachsen, das Tier im Menschen hat gesiegt. Das dunkle Mittelalter kehrt zurück, der Wert des menschlichen Lebens sinkt immer mehr, eine neue Welle europäischer Gewalttaten wälzt sich heran. Wir dürfen nicht länger schweigen. Es ist Zeit zu schreien:
Die Menschen sind Brüder!
Wir rufen die russische Intelligenz zur Verteidigung des Menschen und der Menschlichkeit. Wir wenden uns nicht an diejenigen, die das Heute als Rückkehr zum Gestern betrachten; nicht an diejenigen, die – verstrickt in den heutigen Tag – hoffnungslos taub sind; wir wenden uns an diejenigen, die das ferne Morgen sehen – und im Namen des Morgen, im Namen des Menschen das Heute beurteilen.

1919/20

1 »Morgen« war als Manifest einer Vereinigung von Petrograder Schriftstellern gedacht, der Samjatin angehörte.

Ich befürchte

Ich befürchte, daß wir vieles aus Palästen Ererbte zu sorgsam erhalten. Diese vergoldeten Sessel – ja, wir müssen sie aufbewahren: sie sind so elegant, sie umschmeicheln so sanft jede beliebige Sitzfläche! Wenn es auch unbestritten ist, daß die Hofpoeten mit ihrer Eleganz und Liebenswürdigkeit den wunderschönen, vergoldeten Sesseln gleichen – ist es nicht dennoch falsch, die Institution der Hofdichter ebenso sorgfältig zu erhalten wie die vergoldeten Sessel! Schließlich sind nur die Paläste geblieben, doch der Hof ist verschwunden.
Ich befürchte, daß wir zu gutmütig sind, daß die Französische Revolution in der Zerstörung alles dessen, was zum Hof gehörte, erbarmungsloser war. Am 11. Messidor 1794 gab Péjan, der Vorsitzende der Kommission für Volksaufklärung, ein Dekret heraus – hier folgt, was unter anderem in diesem Dekret stand:
»Es gibt viele gewandte Autoren, die ausschließlich die Tagesfragen behandeln. Sie kennen die Mode und den Anstrich der jeweiligen Saison. Sie wissen, wann man die rote Mütze aufsetzen muß und wann man sie ablegt… Damit bewirken sie, daß der Geschmack verdorben und die Kunst erniedrigt wird. Der geniale Mensch schafft aus einer eigenen Welt und formt Gedanken in Erz. Die Mittelmäßigkeit dagegen bringt es, geschützt von der Freiheit unserer Epoche, nur zu vergänglichen Werken und rafft in ihrem Namen Blumen eines flüchtigen Erfolges an sich…«
Mit diesem höhnischen Dekret hat die Französische Revolution die Hofdichter, die sich der Zeit entsprechend maskierten, guillotiniert. Doch wir bieten dem Volk »jene gewandten Autoren, die wissen, wann man die rote Mütze aufsetzen muß und wann man sie ablegt«, wann man die Hymne auf den Zaren singt und wann Hammer und Sichel, als Literatur an, die der

Revolution würdig ist. Und die Kentauren der Literatur jagen, einander drängend und stoßend, um die wundervolle Beute: das Monopol, Oden zu schreiben, das Monopol, als ehrbare Ritter die Intelligenz mit Schmutz zu bewerfen. Ich befürchte, Péjan hatte recht: ein solches Vorgehen verdirbt und erniedrigt die Kunst. Und ich befürchte, daß, wenn sich nichts ändert, die ganze letzte Periode der russischen Literatur in die Geschichte unter dem Namen dieser gewandten Vielschreiber eingehen wird, da die anderen, die nicht so gewandt sind, schon seit zwei Jahren schweigen.

Was haben nun diejenigen, die nicht schwiegen, zur Literatur beigetragen?

Am redegewandtesten zeigten sich die Futuristen. Ohne auch nur eine Minute zu zögern, erklärten sie, daß sie die Hofschule darstellen – selbstverständlich nur sie allein. Während eines ganzen Jahres haben wir nun nichts anderes als ihr gelbes, grünes und himbeerfarbenes Triumphgeschrei gehört. Die Zusammenstellung der roten Sansculottenmütze mit der gelben Jacke und dem noch nicht von der Wange abgewischten, hellblauen Blümchen von gestern hat mit ihrer Frivolität selbst das Auge der weniger Empfindlichen verletzt: gerade diejenigen, als deren falsche Herolde die Futuristen einherritten, haben ihnen freundlich die Tür gewiesen. Der Futurismus ist untergegangen. Und wie früher gibt es inmitten des flach-blechernen Meeres einen Leuchtturm: Majakowski. Denn er gehört nicht zu den gewandten Vielschreibern: er sang die Revolution bereits, als andere von Petersburg aus mit weittragenden Versgeschossen Berlin behagelten. Aber auch dieser wunderbare Leuchtturm nimmt sein Licht aus altem Bestand: aus seinen Poemen »Ich« und »Einfach wie das Brüllen«. In Texten wie »Die Helden und Opfer der Revolution«, in den »Brezeln« und den Versen über die Frau bei Wrangel dichtet schon nicht mehr der frühere Majakowski, der Edison, der Pionier, bei dem jeder Schritt ein Vordringen ins Dickicht bedeutete. Aus dem Dickicht geriet er auf die ausgetretene Landstraße und befaßte sich mit der Vervollkommnung von Themen und Rhythmen, die den Staat behandeln. Schließlich, warum sollte er nicht: auch Edison vervollkommnete die Erfindung Graham Bells.

Auf die Pferdemanier der Moskauer Imaginisten drückt – das ist mehr als deutlich – der eherne Schatten Majakowskis. Wenn sie sich auch noch so bemühten, schlecht zu riechen und zu schreien, konnten sie mit ihrem Gestank und Geschrei Majakowski doch nicht überbieten. Das imaginistische Amerika ist leider schon längst entdeckt. Noch in der Zeit Serafinos schrieb ein Dichter, der sich für sehr bedeutsam hielt: »Wenn ich nicht fürchten müßte, die Sphäre Ihrer Bescheidenheit mit einer goldenen Wolke von Ehrungen zu stören, könnte ich mich kaum enthalten, die Fenster Ihres Ruhmgebäudes mit der lichten Bekleidung zu schmücken, mit der die Hände des Ruhms den Rücken der Benennungen auszeichnen, die hervorragenden Schöpfungen gegeben werden...« (Aus einem Brief Pietro Aretinos an die Herzogin von Urbino.) Die »Hände des Ruhms« und der »Rücken der Benennungen« – ist das etwa nicht Imaginismus? Das passende und treffende Ausdrucksmittel – das Bild – ist zum Selbstzweck geworden, der Wagen zieht das Pferd.

Die proletarischen Schriftsteller und Dichter haben eine Lokomotive gesattelt und bemühen sich nun eifrig, Flieger zu werden. Die Lokomotive keucht ehrlich und aufrichtig, aber es ist unwahrscheinlich, daß sie sich jemals in die Luft erhebt. Mit einigen Ausnahmen (etwa von Michail Wolkow in der Moskauer Schmiede) weisen alle Angehörigen des Proletkults einen höchst revolutionären Inhalt, aber eine sehr reaktionäre Form auf. Die Kunst des Proletkults greift gegenwärtig auf die sechziger Jahre zurück. Und ich befürchte, daß die Flugzeuge der gewandten Schriftsteller stets die ehrlichen Lokomotiven überholen werden und »geschützt von der Freiheit unserer Epoche in ihrem Namen eine vergängliche Kunst zusammenraffen werden«.

Zum Glück hat die Masse ein feineres Empfinden, als man gemeinhin annimmt. Daher bleibt der Triumph der gewandten Vielschreiber vergänglich, ebenso vergänglich wie der Triumph der Futuristen, ebenso vergänglich wie der Triumph Klujews nach seinen patriotischen Versen über den bösen Wilhelm – er hatte sich an dem durch »Zuruf bei Beschlüssen« und dem Wort »Maschinengewehr« berauscht (ein wundervoller Reim: pulemjet – mjed!)[1]. Gorodezki, scheint es, feiert nicht einmal vergängliche Triumphe: am Abend im Dumski-Saal bereitete man ihm einen kühlen Empfang, und zu seiner Veranstaltung im Haus der Künste erschienen nicht einmal zehn Zuhörer.

Die Ungewandten jedoch schweigen. Vor zwei Jahren ertönten die *Zwölf* von Alexander Blok, aber mit dem letzten, dem zwölften Schlag, verstummte Blok. Kaum bemerkt, schon vor längerer Zeit, stürmten auf dunklen, leeren Straßen ohne Trambahnen die *Skythen*[2] einher. Einsam leuchten im Dunkel Alkonosts *Aufzeichnungen von Träumern*[3]. Sie erschienen gestern vor einem Jahr. Und wir hören, wie sich Andrei Belyi beklagt: »Die Art, in der wir unser Leben führen, reißt uns in Stücke. Der Schriftsteller bricht bisweilen unter einer Arbeitslast zusammen, der er nicht gewachsen ist. Monatelang hat er nicht die Möglichkeit, sich zu konzentrieren und einen abgebrochenen Satz zu beenden. In einer solchen Zeit erhebt sich für den Autor oft die Frage, ob er für jemanden nötig sei, das heißt, ob *Petersburg* oder die *Silberne Taube* nötig seien? Vielleicht ist der Autor nötig, um Unterricht in der Verslehre zu geben? Wenn dem so wäre, dann würde der Autor sofort die Feder niederlegen und versuchen, eine Anstellung bei den Straßenreinigern zu finden, um seine Seele nicht mit den Surrogaten literarischer Tätigkeit zu vergewaltigen.«

Ja, das ist einer der Gründe für das Verstummen der wirklichen Literatur. Der Schriftsteller, der nicht zum gewandten Vielschreiber werden kann, ist gezwungen, mit der Aktenmappe zum Dienst zu gehen, wenn er leben will. In unseren Tagen würde Gogol mit der Mappe in die Theaterabteilung eilen; Turgenjew in die »*Weltliteratur*«, ohne Zweifel würde er Balzac und Flaubert übersetzen; Herzen hielte Vorträge bei der Baltischen Flotte; Tschechow wäre Angestellter im Gesundheitsministerium. Anders gesagt, um zu leben – und zwar so zu leben wie ein Student vor fünf Jahren von vierzig Rubeln – müßte Gogol im Monat vier Stücke schreiben wie den *Revisor*, Turgenjew jeden zweiten Monat je drei Romane wie *Väter und Söhne*, Tschechow monatlich etwa hundert Erzählungen. Das scheint ein schlechter Scherz zu sein. Zum Unglück ist es kein Scherz, sondern das sind realistische Zahlen. Die Arbeit des Künstlers, der mit dem Wort langsam, in qualvoller Freude »seine Gedanken in Erz formt«, und die Arbeit des Verräters am Wort, die Arbeit Tschechows und die Arbeit Breschko-Breschkowskis werden jetzt in gleicher Weise bewertet: nach Ellen, nach Seiten. Und der Schriftsteller hat die Wahl: entweder zu werden wie Breschko-Breschkowski oder zu verstummen. Für den Schriftsteller, für den wirklichen Dichter liegt die Entscheidung auf der Hand.

Aber das ist nicht einmal das Wichtigste: die russischen Schriftsteller sind an Hunger gewöhnt: die Hauptursache ihres Schweigens ist weder der Mangel an Brot noch an Papier, er ist viel schwerwiegender, unausweichlicher, zwingender. Die Hauptursache ist, daß wirkliche Literatur nur da existieren kann, wo sie nicht von untergeordneten und zuverlässigen Angestellten gemacht wird, sondern von Verrückten, von Einzelgängern, Häretikern, Träumern, Empörern, Skeptikern. Wenn aber der Schriftsteller verständig, wenn er konformistisch-rechtgläubig, wenn er heute – nützlich sein soll, wenn er nicht alle geißeln darf wie Swift, nicht über alle lachen darf wie Anatole France – dann gibt es keine eherne Literatur, sondern Zeitungsmakulatur, die man heute liest und in die man morgen die lehmige Seife wickelt.

Diejenigen, die in unserer ungewöhnlichen Zeit eine neue Kultur zu schaffen versuchen, wenden oft ihre Blicke weit in die Vergangenheit zurück zum Stadion, zum Theater, zu den Spielen des athenischen Demos. Der Rückblick ist berechtigt. Aber man darf nicht vergessen, daß die athenische ἀγορά – das athenische Volk – verstand, nicht nur Oden zu hören: es fürchtete auch nicht die erbarmungslosen Peitschenhiebe des Aristophanes. Indessen wir... wie können wir an Aristophanes denken, wenn man bereits das unschuldige Stück Gorkis *Der arbeitsame Herr Wortschwall* vom Repertoire streicht, damit der russische Demos vor der Verführung dieses unbedeutenden Dummlings bewahrt bleibt.

Ich befürchte, daß es eine wirkliche Literatur bei uns nicht geben wird, solange man nicht aufhört, auf den russischen Demos wie auf ein Kind zu blicken, dessen Unschuld man bewahren muß. Ich befürchte, daß es eine wirkliche Literatur bei uns nicht geben wird, solange wir uns nicht von einem Katholizismus befreien, der nicht weniger als der alte vor jedem häretischen Wort zurückschreckt. Sollten wir jedoch diese Krankheit nicht überwinden, dann befürchte ich, wird der russischen Literatur nur eine Zukunft bleiben: ihre Vergangenheit.

1921

1 »pulemjet« – Maschinengewehr; »mjed« – Honig.
2 Entweder bezieht sich Samjatin auf Bloks Gedicht »Die Skythen« oder auf den gleichnamigen Petrograder Almanach, dessen Erscheinen bereits nach zwei Folgen (1917, 1918) eingestellt wurde.
3 Name einer Zeitschrift, an der Belyi maßgeblich beteiligt war. Sie erschien im Verlag Alkonost.

Morbus rossica
(Fjodor Sologub)[1]

Der Vorgang ereignete sich im Arbeitszimmer des Generals Betrischtschew. Dort sagte Pawel Iwanowitsch Tschitschikow[2]: »Du mußt uns schmutzig, wie wir sind, lieben, denn sauber und anständig liebt uns jeder.« Und das war mit solcher Gewandtheit und so einprägsam vorgebracht, daß der General Betrischtschew glauben mußte, es sei ein Axiom. Aber versuchen Sie, dieses Axiom aus der flachen Welt der Tschitschikows, aus der Welt der *Toten Seelen* in eine Welt zu übertragen, wo sich tragische Seelen glühend verzehren, und Sie werden sehen, daß das allgemein anerkannte Axiom auf den Kopf gestellt ist, daß mit einer schmutzigen oder halbschmutzigen Liebe zu lieben, jedem (von den Tschitschikows) gegeben ist, daß aber nur wenige den schweren Weg einer anderen Liebe gehen können. Einer von diesen wenigen ist Fjodor Sologub.

Ich erinnere mich, wie ich einmal im Sommer 1920 mit Blok in der Trambahn auf dem Liteiny-Prospekt fuhr. Wir mußten stehen, hielten uns bei dem Gerüttel an den Ledergriffen fest und unterhielten uns. Blok sagte: »Zur Zeit liebe ich Rußland mit einer Art Haßliebe. Das ist, meine ich, die treffendste Bezeichnung.« Bloks Bezeichnung »Haßliebe« trifft auch am besten auf die Liebe zu, an der Sologub krankt. Der Blitz zuckt dann auf, wenn einer der Pole positiv, der andere negativ geladen ist. Sologubs Liebe ist wie ein Blitz: an ihrem einen Pol ist unerläßlich ein Minus, ein unversöhnliches, scharf-kritisches.

Mir kam Blok nicht zufällig in den Sinn: Sologub und Blok gehören zu dem gleichen Orden, in beiden – wenn man aufmerksam in sie hineinhört – schwingt ein und derselbe Oberton, beide hören beständig im Lärm und Getöse des Lebens ein und dieselbe Stimme: die Stimme der Schönsten Dame.[3] Wenn Blok sie auch die »Unbekannte« nennt und Sologub »Dulcinea«, so ist sie doch ein und dieselbe, und keiner von beiden wird sich

zufrieden geben, wenn diese Dame zu Darja wird, einfach zu Darja, die in Lockenwicklern und Morgenrock appetitlich beim Abendbrot gähnt. Darja oder Aldonsa (es bleibt sich gleich: sie hat tausend Namen, nicht nur den einen »Dulcinea«) ist eine rundliche, rosige, keineswegs schlechte Frau, nicht schmutzig, nein, nur ein wenig angeschmutzt, ein wenig schmuddelig, vielleicht sogar fast sauber. Und jeder beliebige Tschitschikow, jeder Sancho Pansa würde sie mit Begeisterung nehmen, denn diese beiden sind klug, sie wissen, daß auch die Sonne Flecken hat, sie wissen, daß es viel praktischer, einfacher, günstiger und verständiger ist, den Menschen und das Leben hinzunehmen mit dem »Wie es auch sei«, mit dem »Etwas schmutzig« oder »Angeschmuddelt«. Aber der Sonderling Don Quichotte und der Sonderling Sologub verlassen Aldonsa sofort, wenn sie mit dem ihnen eigenen Reaktionsvermögen wahrnehmen, daß in den Wein des Lebens mit Aldonsa auch nur ein Milligramm des »Wie es auch sei«, nur ein Tröpfchen des »Fast« gemischt ist; einen Becher mit solchem Wein schütten Don Quichotte und Sologub aus dem Fenster; nicht deshalb, weil sie den Wein des Lebens nicht liebten, sondern deshalb, weil sie ihn mehr lieben als irgendwer sonst; weil sie ihn zu sehr lieben, wollen sie ihn entweder ganz rein oder gar nicht. Diese Haltung bestimmt den Weg derer, denen das wunderbare und quälende Geschenk der unbedingten Liebe gegeben ist.
Es ist der tragische Weg Ahasvers, der Weg nach Damaskus, den Sologubs Held, der Ritter Romuald aus Turin, geht; es ist der Weg der ewig ungestillten Seelen, von denen wir am Gründonnerstag in der Karwoche singen. Wenn auch die Rosen, Palmen, Springbrunnen und Kuppeln der in der Wüste gefundenen Stadt Tausenden sagen, daß dies Damaskus ist, werden Don Quichotte, Sologub und sein Ritter Romuald dieses Damaskus doch verlassen und in der endlosen Wüste weitergehen, bis ihre Gebeine dort liegenbleiben. Ihr großes und schweres Schicksal ist, daß sie kein erlangtes Damaskus befriedigt: jedes erreichte Ziel, jede Verwirklichung vernichtet für sie das eigentliche Damaskus, für sie gibt es nichts Schrecklicheres als festgefügte

Wände. Darin besteht ihr polarer Gegensatz zu den Millionen Tschitschikows und Sancho Pansas, wie sie im Leben auch immer heißen mögen. Die Tschitschikows können nur in Wänden leben, im Dauerhaften, Bestimmten, Bekannten, Beantworteten, der Ritter Romuald aber und Sologub können nur dann leben, wenn vor ihnen das Unbekannte, noch nicht Bestimmte liegt. Den Tschitschikows ist nichts furchtbarer als die Unendlichkeit. Sologub, der Romantiker, aber gerät in grimmige Wut darüber, daß Einstein, der sich in Sophismen verstrickte, errechnete, daß das Weltall endlich sei und sein Radius soundso viele Millionen betrage. Wenn Sologub nicht wüßte, daß das nur ein Sophismus ist, könnte er in einem solchen Weltall nicht leben, es wäre zu eng für ihn, denn gleichgültig wann – er würde an eine Grenze gelangen.

Ich habe immer diese zwei Namen nebeneinandergestellt: Don Quichotte de la Mancha und Fjodor Sologub. Ich pflegte das zu tun, seitdem Sologub mit dem Schild auf das Turnier ging, auf den er den Namen seiner Dame »Dulcinea« geschrieben hatte. Und dennoch irrte sich Sologub, irrte ich mich, irrten sich alle. Die Parallelität der Linien Don Quichottes und Sologubs ist nur eine scheinbare: in einem bestimmten Punkt schneiden sie sich, dann gehen sie aber wieder in verschiedenen Richtungen auseinander; der Winkel der Abweichung ist sogar so groß, daß Don Quichotte am Ende seines Weges aufhört, Don Quichotte zu sein. Viele haben seine letzten Worte gehört: »Genug, meine Freunde, was für ein Ritter de la Mancha sollte ich sein: nein, ich bin einfach – Alfons der Gute.« Von Sologub wird man solche Worte nie hören.

Wenn Sologubs Liebe die Farbe des weißglühenden Blitzes hat, der zwischen zwei Polen aufflammt und in seinem Feuer das Plus und Minus verschmilzt, dann ist die Liebe Don Quichottes von der Farbe einer Wolke, die endloser Ferne zuschwebt. Die Liebe Don Quichottes ist weich und gütig, er hat niemals getötet. Doch die Liebe Sologubs ist erbarmungslos. Sologub tötet.

Die Waffe, mit der Sologub tötet, ist das gleiche Stilett, das bei den mittelalterlichen Rittern *misericordia* (Mitleid) hieß. Aus Menschenliebe erstach man mit ihm die tödlich Verwundeten. Mit der gleichen Menschenliebe (*misericordia*) ersticht Sologub seine Lieblingshelden, um sie von dem Leid zu befreien, daß sie in der Dulcinea die Aldonsa entdeckten. Im »Vergifteten Garten« ist es selbstverständlich, daß der Jüngling und das schöne Mädchen sterben, nachdem sie sich das erste Mal umarmt haben. Selbstverständlich stirbt auf dem Weg nach Damaskus der Ritter Romuald aus Turin. Und Wera, die Schlangenbeschwörerin, muß unweigerlich in dem Augenblick sterben, als sie nur noch einen Schritt bis zu ihrem Damaskus zu gehen hat. Serjoscha in der Erzählung »Sterne« »wirft sich eifrig und freudig von der dunklen Erde zu den hellen Sternen«, um zu sterben. Und die strahlende Raja in der Erzählung »Die Tröstung« erscheint Mitja, um ihm zu sagen: »Fürchte dich nicht«, als er sich aus dem vierten Stockwerk in die Tiefe stürzt. So verfährt Sologub mit allen, die ihm nahestehen; das ist sein Mitleid ohne Erbarmen, seine Art, die Menschen zu lieben.

Der Mensch ist nur dann ein Mensch, wenn er wirklich seiner biologischen Bezeichnung entspricht, wenn er ein *homo erectus* ist, wenn er sich von allen vieren aufgerichtet hat und nach oben ins Unendliche sehen kann. Mit denen, die sich noch auf allen vieren bewegen, die noch mit den Fersen in der Erde wühlen, den Sancho Pansas, den rosigen, beleibten, befriedigten, begrenzten, verfährt Sologub ohne Mitleid: er bestraft sie mit dem Leben, sie sterben bei ihm nicht, sie können nicht sterben. Sehen Sie: in der langen Erzählung »Der kleine Teufel« stirbt niemand, dort gibt es keinen Tod. Oft wird über die Unsterblichkeit großer Menschen und Helden gesprochen. Das ist selbstverständlich falsch: der Held ist unauflöslich mit der Tragödie, mit dem Tod verbunden. Unausrottbar, ohne Tod, existiert nur der Spießer. Für ihn, den Menschen ohne Tod, hat Sologub keine *misericordia*, für ihn hat er eine andere mitleidslose Waffe: die Knute.

Die Knute wurde bisher als Waffe des menschlichen Fortschritts wenig gewürdigt. Ich kenne kein wirksameres Mittel als die Knute, um den Menschen von allen vieren hochzutreiben, damit er aufhöre, vor irgend etwas oder irgend jemand zu knien. Ich spreche natürlich nicht von den Knuten aus Riemen, ich spreche von den Knuten aus Worten, von den Knuten eines Gogol, Swift, Molière, France, von den Knuten der Ironie, des Sarkasmus, der Satire. Und diese Knute handhabt Sologub vielleicht noch besser als das Stilett des Mitleids. Lesen Sie zwei Bände seiner Erzählungen, und Sie werden sehen, daß sie noch von der gleichen, beißenden Schärfe sind wie vor zwanzig Jahren. Lesen Sie den »Kleinen Teufel«, und Sie werden sehen, daß Peredonow zum Leben ohne Tod verurteilt ist, verurteilt, ewig in der Welt herumzuschleichen, Anzeigen zu schreiben und »alle einflußreichen Personen in der Stadt von seiner Zuverlässigkeit zu überzeugen«.

Blumen muß man pflegen, wenn sie gedeihen sollen: Schimmel bildet sich überall von selbst. Der Spießer ist wie der Schimmel. Eine kurze Zeit schien es, als sei er von der Revolution endgültig verbrannt, aber da ist er schon wieder, lächelnd kriecht er aus der noch warmen Asche – feige, begrenzt, stumpf, von sich überzeugt, über alles Bescheid wissend. Und von neuem muß über ihm die Peitsche der Satire pfeifen, ein neuer »Kleiner Teufel« muß kommen.

Das Patent der Knute hat die Geschichte nicht ohne Grund Rußland zugeteilt, aber nur die Knute aus Riemen: die Ironie, die Satire sind vom Westen in die russische Literatur eingeführt worden. Und wenn es auch für die Satire keinen besseren Erdboden gibt als unsere Schwarzerde, so sind doch bei uns erst drei bis vier vollgewichtige Ähren herangereift, eine von ihnen ist ohne Zweifel Sologub. Eine Ursache dafür ist, daß die Sancho Pansas in Rußland immer so schwachnervig waren, daß sie nicht den Mut aufbrachten, unbesorgt eine Satire zu schreiben. Ich weiß nicht, ob jemals die Verordnung Peters I.: »Für die Abfassung einer Satire wird der Verfasser den bösesten Peinigungen unterzogen« abgeschafft worden ist. Der Hauptgrund ist jedoch ein anderer: der russische Schriftsteller war immer, von wenigen Ausnahmen abgesehen, nach Art der Russen einfach zu gutmütig und zu weich. Hierin ist Sologub zum Glück kein Russe: er kann, wenn es nötig ist, Stahl sein, glänzender, unerbittlicher Stahl.

Das Europäische liegt bei Sologub nicht nur in seiner Satire: seine ganze Schreibweise ist von europäischer Härte, ist biegsam wie Stahl. Ohne die geringsten Anzeichen eines Bruches oder Risses schwingt sie sich mit einer Wendung um hundertachtzig Grad von der steinernen, schweren Existenz in das Reich der Phantastik, von einer Erde, die durchdrungen ist von dem Geruch des Wodkas und der Läuse, in das Land Oile[4]. Die mühsame Kunst, die viel Feingefühl verlangt, in einer Formel den schweren und den gasförmigen Bestandteil der Literatur – die Phantastik und das gewöhnliche Leben – zu vereinen, ist den europäischen Meistern schon lange bekannt; von den russischen Prosaschriftstellern kennen wirklich nur zwei das Geheimnis dieser Verbindung: Gogol und Sologub.

Sologub hat sich das Wort so gefügig gemacht, daß er sich sogar ein Spiel mit diesem gefährlichen Material erlaubt. Er verbiegt den bisher gewohnten, geraden Stil der russischen Prosa. Im »Kleinen Teufel«, im »Totenzauber«, in vielen anderen Erzählungen vermischt er die fest geglättete, herkömmliche Sprache mit der gehobenen und gesuchten des Romantikers. In »Der Kammerdiener Wanja und der Page Jean« werden diese Dissonanzen noch verschärft und verwickeln sich zu einem berückenden Spiel beabsichtigter Anachronismen. In den »Märchen« finden wir eine neue Abweichung: das Spiel mit der hyperbolisierten Folklore. In seiner gesamten Prosa weicht Sologub schroff ab von den ausgefahrenen Geleisen des Naturalismus, sowohl von dem Naturalismus in der Beschreibung der Lebensumstände als dem sprachlichen und dem psychologischen. In den stilistischen Bemühungen der neuesten russischen Prosa, in ihrem Kampf mit der Tradition des Naturalismus, in ihren Versuchen, eine wie auch immer geartete Brücke zum Westen zu schlagen, in all dem erblicken wir, wenn wir

genauer hinsehen, den Schatten Sologubs. Mit Sologub beginnt ein neues Kapitel der russischen Prosa.
Wenn Sologub mit der europäischen Schärfe und Verfeinerung auch die mechanisierte, entleerte Seele des Europäers in sich aufgenommen hätte, würde er nicht der Sologub sein, der uns so nahesteht. Aber unter dem strengen, eng nach Maß zugeschnittenen, europäischen Kleid bewahrte Sologub die maßlose russische Seele. Diese Liebe, die alles oder nichts fordert, diese unschöne, unheilbare, wundervolle Krankheit, die Krankheit nicht nur Sologubs, nicht nur Don Quichottes, nicht nur Bloks (Blok starb an dieser Krankheit) ist unsere russische Krankheit, der Morbus rossica. Gerade an dieser Krankheit leidet der beste Teil unserer Intelligenz und wird zum Glück immer an ihr leiden. Zum Glück, denn ein Land, in dem es schon nicht mehr die Unversöhnbaren, die ewig Unzufriedenen, die immer unruhigen Romantiker gibt, in dem nur die Gesunden, die Sancho Pansas und Tschitschikows übrigblieben, ist früher oder später dazu verurteilt, unter der Steppdecke des Spießers schnarchend einzuschlafen. Vielleicht konnte nur in den ungeheuren Räumen der russischen Steppen, wo – als sei es erst gestern gewesen – die ruhelosen Skythen einhersprengten, die russische Krankheit entstehen. Bei all dem äußerlichen Europäertum gehört Sologub zu den russischen Steppen, ist er seinem Wesen nach weit mehr ein russischer Schriftsteller als viele seiner Zeitgenossen, zum Beispiel Balmont oder Brjussow. Viele wird die erbarmungslose Zeit vernichten, aber Sologub wird in die russische Literatur eingehen.

1924

1 Fjodor Sologub (eig. Fjodor Kusmitsch Teternikow, Dichter und Schriftsteller, 1863–1927).

2 Der Emporkömmling und Betrüger Pawel Iwanowitsch Tschitschikow ist der zentrale Held aus Nikolai Gogols (1809–1852) Roman *Die toten Seelen*.

3 Blok besingt in vielen Gedichten eine »Schönste Dame«.

4 In Sologubs Romantrilogie *Tworimaja Legenda* (*Totenzauber*) gibt es auf einem imaginären Stern das Land Oile, das Zuflucht vor den Schrecken der Erde bietet.

An Stalin

Sehr geehrter Joseph Wissarionowitsch!

Der zum höchsten Strafmaß Verurteilte – der Schreiber des vorliegenden Briefes – wendet sich an Sie mit der Bitte, diese Strafe abzuändern.
Mein Name ist Ihnen sicherlich bekannt. Für mich, den Schriftsteller, ist die Tatsache, nicht mehr schreiben zu können, gleich dem Todesurteil. Die Umstände jedoch haben sich so gestaltet, daß ich meine Arbeit nicht fortsetzen kann, weil schöpferische Arbeit in der Atmosphäre ständiger, sich von Jahr zu Jahr steigernder Verfolgung nicht denkbar ist.
Selbstverständlich will ich mich nicht als beleidigte Unschuld hinstellen. Ich weiß, daß einiges, was ich in den ersten drei oder vier Jahren nach der Revolution schrieb, Anlaß zur Kritik geben konnte. Ich weiß, daß ich die sehr unbequeme Art habe zu sagen, was im gegebenen Augenblick nicht nützlich ist, was ich aber für die Wahrheit halte. Im besonderen habe ich niemals meine Haltung gegenüber der literarischen Kriecherei verhehlt, gegenüber dem devoten Gehorsam und der angepaßten Schönfärberei. Ich bin der Meinung – und ich halte daran fest –, daß ein solches Verhalten den Schriftsteller wie auch die Revolution erniedrigt. Die Behandlung dieser Frage in einem meiner Aufsätze (Journ. *Dom iskusstv* Nr. 1, 1920), dessen Form vielen schroff und beleidigend erschien, hat seinerzeit das Signal für den Beginn der Pressekampagne gegen mich gegeben.
Von dieser Zeit an ist die Hetze unter immer anderen Vorwänden bis zum heutigen Tag fortgesetzt worden; sie hat schließlich zu dem, was ich Fetischismus nennen möchte, geführt. Wie früher die Christen für die bequemere Verkörperung jeden Übels den Teufel erfanden, so hat die Kritik aus mir den Teufel der sowjetischen Literatur gemacht. Auf diesen Teufel zu spuk-

ken, wird für eine gute Sache gehalten, und jeder hat mich angespuckt, so gut er konnte. In jeder meiner Veröffentlichungen wurde ein teuflischer Hintergedanke gesucht. Um ihn herauszufinden, scheute man sich nicht, mich sogar mit einer prophetischen Gabe auszurüsten: ein Kritiker war so klug, in einem meiner Märchen (»Gott«), das in der Zeitschrift *Letopis* schon 1916 erschienen war, »die Verhöhnung der Revolution in Hinblick auf den Übergang zur NEP[1]« zu erblicken; in einer Erzählung (»Der Mönch Erasmus«), die im Jahre 1920 entstand, sah ein anderer Kritiker (Maschbiz-Werow) eine Parabel über die Führer, die nach der Episode der NEP klüger geworden sein sollten. Unabhängig vom Inhalt der einen oder anderen Veröffentlichung genügte schon mein Name als Autor, um sie als kriminell hinzustellen. Kürzlich, im März dieses Jahres, ergriff die Oblit[2] in Leningrad Maßnahmen, die jeden Zweifel darüber unnötig machten: für den Verlag »Die Akademie« bearbeitete ich Sheridans Komödie *The School for Scandal* und schrieb einen Aufsatz über sein Leben und sein Werk. In diesem Aufsatz war keiner meiner verleumderischen Angriffe zu finden – das konnte auch gar nicht sein –, dennoch genehmigte die Oblit den Aufsatz nicht und verbot darüber hinaus dem Verlag, meinen Namen als Herausgeber der Übersetzung zu erwähnen. Erst als ich mich nach Moskau wandte, erst als die Glawlit[3] begriffen hatte, daß man mit solcher naiven Offenheit nicht vorgehen könne, wurde genehmigt, den Artikel und auch meinen kriminellen Namen zu drucken.

Ich führe diese Tatsache deshalb an, weil sie in nackter, ich möchte sagen, chemischer Form zeigt, wie man sich mir gegenüber verhielt. Aus der reichhaltigen Kollektion nenne ich noch eine Tatsache, die nicht mit einem zufälligen Artikel, sondern mit einem Stück größeren Ausmaßes zusammenhängt, an dem ich fast drei Jahre gearbeitet habe. Ich war überzeugt, daß dieses Stück, die Tragödie *Attila* endlich diejenigen zum Schweigen bringen würde, denen es genehm war, aus mir einen Teufel der finstersten Hölle zu machen. Diese Überzeugung war durchaus begründet. Das Stück wurde auf der Sitzung des künstlerischen

Rates des Leningrader Großen Schauspielhauses gelesen, an der Sitzung nahmen die Vertreter von achtzehn Fabriken teil – hier sind Auszüge ihrer Äußerungen (zitiert nach dem Sitzungsprotokoll vom 15. Mai 1928).

Der Vertreter der Wolodarski-Fabrik: »Dieses Stück eines zeitgenössischen Autors, der das Thema des Klassenkampfes in vergangenen Jahrhunderten behandelt, das auch heute aktuell ist... Ideologisch ist das Stück vollkommen anzuerkennen... Das Stück hinterläßt einen starken Eindruck und entkräftet den Vorwurf, daß heutzutage keine guten Theaterstücke geschrieben werden.« Der Vertreter des Leninwerkes, der den revolutionären Charakter des Stückes hervorhebt, findet, daß »das Stück in seinem künstlerischen Wert an die Stücke Shakespeares erinnert. Das Stück ist tragisch, erfüllt von Handlung und kann den Zuschauer aufs tiefste beeindrucken.« Der Vertreter der Fabrik für Hydromechanik meint, daß das Stück durchweg stark und ergreifend ist, und empfiehlt seine Aufführung bei der Jubiläumsfeier des Theaters.

Wenn auch die Genossen hinsichtlich Shakespeares zuviel des Guten taten, schrieb immerhin Gorki über dasselbe Stück, daß er es für sehr wertvoll halte, sowohl in literarischer als auch gesellschaftlicher Hinsicht, da der heroische Ton des Stückes und sein heroisches Thema außerordentlich nützlich für unsere Zeit seien. Das Stück war zur Aufführung im Theater angenommen, das Glawrepertkom[4] hatte es genehmigt, aber dann... Wurde es dem Genossen Arbeiter, der es so gut beurteilt hatte, gezeigt? Nein. Das Stück, das schon zur Hälfte im Theater geprobt, das schon mit Anschlägen angekündigt war, wurde auf Verfügung der Leningrader Oblit verboten.

Der Untergang meiner Tragödie *Attila* war im Grunde meine persönliche Tragödie: es war mir nun klar, daß es nutzlos sein würde, meine Lage ändern zu wollen – um so mehr, als sich bald darauf die bekannte Geschichte mit meinem Roman *Wir* und *Mahagony* von Pilnjak abspielte. Um den Teufel auszutreiben, ist – das versteht sich – jeder Vorwand recht. Man stellte den Roman, der neun Jahre früher, 1920, geschrieben

wurde, zusammen mit *Mahagony* als meine letzte, neueste Arbeit heraus; man organisierte eine in der sowjetischen Literatur noch nicht dagewesene Hetzkampagne gegen mich, die sogar in der ausländischen Presse vermerkt wurde; man tat alles, um mir jede Möglichkeit zukünftiger Arbeit zu nehmen. Die Freunde von gestern, die Verlage, die Theater begannen mich zu fürchten. Meine Bücher durften in den Bibliotheken nicht mehr ausgeliehen werden. Mein Stück (*Der Floh*), das mit unverändertem Erfolg im Zweiten Moskauer Künstlertheater schon vier Spielzeiten gegeben worden war, setzte man vom Repertoire ab. Man brach den Druck meiner Gesammelten Werke im Verlag »Federazija« ab. Jeder Verlag, der meine Arbeiten veröffentlichen wollte, wurde sofort unter Beschuß genommen – das haben die Verlage »Federazija« und »Semlja i Fabrika« erfahren, besonders der »Verlag der Schriftsteller in Leningrad«. Dieser letztgenannte Verlag hatte noch ein ganzes Jahr riskiert, mich unter den Mitgliedern seines Redaktionsstabes zu halten, hatte sich erkühnt, meine literarische Erfahrung zu verwerten, indem er mir die stilistische Überarbeitung der Werke junger Schriftsteller – darunter befanden sich auch Kommunisten – anvertraute. Im Frühling dieses Jahres erreichte die Leningrader Abteilung der RAPP[5] meinen Austritt aus der Redaktion und damit die Beendigung meiner Tätigkeit als Herausgeber.
Die *Literaturnaja gaseta* berichtete triumphierend davon und fügte völlig unmißverständlich hinzu: »... der Verlag muß erhalten werden, aber nicht für die Samjatins.« Damit war Samjatin der letzte Zugang zum Leser genommen. Das Todesurteil für diesen Autor war veröffentlicht.
Im sowjetischen Strafgesetzbuch wird als zweithöchstes Strafmaß nach der Todesstrafe die Verbannung des Verbrechers aus dem Staatsgebiet angeführt. Wenn ich wirklich ein Verbrecher bin und Strafe verdiene, dann glaube ich trotzdem, daß ich nicht mit einer so schweren wie dem literarischen Tod belegt werden sollte. Aus diesem Grund bitte ich darum, dieses Urteil in die Verbannung aus dem Gebiet der UdSSR umzuwandeln

mit der gleichzeitigen Erlaubnis, daß mich meine Frau begleiten darf.

Sollte ich kein Verbrecher sein, bitte ich, mir und meiner Frau zu gewähren, für eine Zeit, vielleicht für ein Jahr, ins Ausland zu reisen unter der Voraussetzung, daß ich zurückkehren kann, sobald es bei uns möglich geworden ist, den großen Ideen zu dienen, ohne den kleinen Leuten hörig zu sein, sobald bei uns die Stellung, die der Künstler des Wortes einnimmt, nur im geringsten anders bewertet wird. Diese Zeit – ich bin davon überzeugt – ist schon nahe, denn nach der erfolgreichen Gründung der materiellen Basis erhebt sich unweigerlich die Frage nach dem weiteren Aufbau, dem Aufbau einer Kunst und Literatur, die der Würde der Revolution entsprechen.

Ich weiß: Das Leben im Ausland wird mir schwerfallen, denn dem reaktionären Lager dort kann ich nicht angehören. Das bezeugt meine Vergangenheit zur Genüge (Mitgliedschaft in der RSDRP(b)[6] in der zaristischen Zeit, in derselben Ära Gefängnis, zweimalige Verbannung; ein Gerichtsverfahren während des Krieges wegen einer antimilitaristischen Erzählung). Obwohl man mich hier wegen meiner Gewohnheit, nach meinem Gewissen und nicht nach der Vorschrift zu schreiben, für rechts hält, wird man mich dort früher oder später aus demselben Grund zum Bolschewiken erklären. Doch wird man mich selbst unter den schwierigsten Umständen nicht zum Schweigen verurteilen. Dort werde ich in der Lage sein, zu schreiben und zu veröffentlichen, wenn auch nicht auf Russisch. Sollten mich die Umstände zwingen (ich hoffe, nur auf eine absehbare Zeit) aufzuhören, ein russischer Schriftsteller zu sein, gelingt mir vielleicht, was dem Polen Joseph Conrad gelang, für eine Weile ein englischer Schriftsteller zu werden, da ich schon auf Russisch über England geschrieben habe (die satirische Erzählung: »Die Inselbewohner« und anderes) und es mir nicht viel schwerer fällt, englisch zu schreiben als russisch. Ilja Ehrenburg ist ein russischer Schriftsteller geblieben, obwohl er sich vorwiegend der europäischen Literatur, besonders Übersetzungen in fremde Sprachen, widmet. Weshalb sollte mir nicht erlaubt werden, was Ehrenburg erlaubt ist? Ich erwähne noch einen anderen Namen: Pilnjak, der sich mit mir in die Rolle des Teufels geteilt hat und eine der Hauptzielscheiben der Kritik war. Zur Erholung von diesen Angriffen wurde ihm eine Reise ins Ausland gestattet. Warum sollte nicht, was Pilnjak erlaubt war, auch mir erlaubt sein?

Meine Bitte um die Genehmigung zur Ausreise könnte ich auch mit üblicheren Gründen belegen, die nicht weniger ernsthaft sind: ich möchte mich von einer alten, chronischen Krankheit (Kolitis) kurieren, ich möchte zwei meiner Stücke inszenieren, die ins Englische und Italienische übersetzt worden sind (die Stücke *Der Floh* und *Die Gesellschaft der ehrenamtlichen Glöckner*, die auch auf sowjetischen Theatern gespielt wurden). Schon allein deshalb müßte ich mich im Ausland aufhalten. Übrigens würden mir die geplanten Aufführungen dieser Stücke ermöglichen zu reisen, ohne das Finanzministerium mit der Bitte um Devisen zu belästigen. Alle diese Gründe liegen auf der Hand. Ich kann aber nicht verhehlen, daß der wichtigste Anlaß für meine Bitte, mir und meiner Frau die Ausreise zu genehmigen, die ausweglose Lage ist, in der ich mich hier befinde, die für mich als Schriftsteller gleichbedeutend mit der Todesstrafe ist.

Die außergewöhnliche Beachtung, die andere Schriftsteller von Ihrer Seite erfahren haben, die sich mit einer Bitte an Sie wandten, erlaubt mir zu hoffen, daß auch meine Bitte gewürdigt werden wird.

Juni 1931 Jewgeni Samjatin

1 Neue Ökonomische Politik. Anfang 1921 wurde die restriktive Wirtschaftspolitik des Kriegskommunismus aufgehoben. Die Zwangsentrichtung von Lebensmitteln auf dem Lande wurde eingestellt und durch eine Naturalsteuer abgelöst. Für die Bauern sowie in der Industrie gab es nunmehr einen beschränkt freien Markt, es wurden Privatunternehmen (in Handwerk und Leichtindustrie) zugelassen und

Konzessionen an ausländische Firmen vergeben. Die NEP wurde nie offiziell aufgehoben, aber de facto durch Kollektivierung und willkürliche Unterdrückung des Bauerntums und Privatunternehmertums in den frühen dreißiger Jahren endgültig beseitigt.

2 Distriktbehörde für Literatur und Verlagswesen.

3 Zentralbehörde für Literatur und Verlagswesen.

4 Zentralbehörde zur Kontrolle von Schauspielen und Repertoiren.

5 Russische Vereinigung proletarischer Schriftsteller.

6 Russische Sozialdemokratische Arbeiterpartei (der Bolschewisten).

Autobiographie

Wie Durchblicke durch einen dunklen, dicht geschlossenen Vorhang sind mir einige Sekunden aus der sehr frühen Kindheit sichtbar.

Das Eßzimmer, der mit Wachstuch bedeckte Tisch, und auf dem Tisch eine Schüssel mit etwas Seltsamem, Weißen, Glitzernden; doch, o Wunder, plötzlich verschwindet das Weiße vor meinen Augen irgendwohin. In der Schüssel hat sich ein Stück einer unbekannten Welt, die außerhalb des Zimmers liegt, befunden. Man hatte mir in der Schüssel Schnee gezeigt. Schnee ist mir bis heute etwas Wunderbares geblieben.

Dasselbe Eßzimmer. Jemand hält mich vor dem Fenster auf den Armen. Im Fenster ist hinter Bäumen der rote Sonnenball sichtbar. Dann wird alles dunkel. Ich fühle das Ende; das Schrecklichste jedoch ist, daß die Mutter irgendwohin ging und noch nicht zurückkehrte. Später erfahre ich, daß der Jemand die Großmutter war und daß ich in diesem Augenblick zwischen Leben und Tod schwebte. Ich war damals anderthalb Jahre alt.

Später: ich war etwa zwei oder drei Jahre alt: zum erstenmal erlebe ich viele Menschen, eine fremde Menge. Es ist in Sadonsk. Vater und Mutter fuhren im großen Reisewagen dorthin und nahmen mich mit. Die Kirche, bläulicher Rauch, Gesang, brennende Lichter. Eine Epileptikerin mit einer heiser bellenden Stimme, als hätte sie einen Klumpen im Hals. Der Gottesdienst ist zu Ende, Gedränge, ich werde als kleiner Splitter nach draußen geschoben, unter den vielen Menschen bin ich allein. Vater und Mutter gibt es nicht mehr und wird es niemals mehr geben, ich bin für immer verlassen. Ich sitze auf einem Grab, die Sonne scheint, ich weine bitterlich. Eine ganze Stunde bleibe ich in der Welt allein.

In Woronesch. Der Fluß, eine mir seltsam erscheinende Bade-

kabine, und in der Badekabine (ich wurde später an sie erinnert, als ich in Bassins weiße Bären sah) plätschert ein riesiger, rosiger, wolkenhaft aufgeschwollener, weiblicher Körper. Es ist die Tante meiner Mutter. Ich bin neugierig, aber auch beklommen und ängstlich. Das erstemal verstehe ich, was eine Frau ist.
Ich warte am Fenster, blicke auf die leere Straße, wo die Hühner im Staub ein Bad nehmen. Endlich kommt der Wagen, man bringt den Vater aus dem Gymnasium. Er sitzt auf einem hohen, unbequemen Sitz, den Spazierstock zwischen den Knien. Mit ersterbendem Herzen erwarte ich das Mittagessen; am Eßtisch entfalte ich feierlich die Zeitung und lese die großgedruckten Buchstaben »Sohn des Vaterlandes« vor. Ich habe etwas Geheimnisvolles gelernt: die Buchstaben. Ich bin vier Jahre alt.
Sommer. Es riecht nach Medikamenten. Plötzlich schlagen Mutter und Tante eilig die Fenster zu, verriegeln den Balkon. Ich blicke mit plattgedrückter Nase durch das Balkonfenster hinaus: »Sie kommen!« Ein Kutscher im weißen Mantel, ein Wagen bedeckt mit weißer Leinwand, unter der Leinwand Menschen, krampfig sich bewegende Arme und Beine: die »Cholerakranken«. Die Cholerabaracke befindet sich auf unserer Straße neben unserem Haus. Das Herz klopft mir vor Erregung: ich verstehe, was der Tod ist.
Und endlich: ein leuchtender, klarer Augustmorgen. Aus der Ferne ein helles Läuten aus dem Kloster. Ich gehe am Vorgarten unseres Hauses entlang und weiß, ohne mich umzusehen: das Fenster ist geöffnet, und Mutter, Großmutter, Schwester blikken mir nach. Ich bin zum ersten Mal mit den langen Ausgehhosen angetan und der Uniformjacke der Gymnasiasten, auf dem Rücken trage ich den Ranzen. Ich gehe zum erstenmal ins Gymnasium. Der Wasserfahrer Ignaschka kommt mir auf seinem Wasserkarren entgegengeholpert. Ignaschka sieht sich mehrere Male nach mir um. Ich bin stolz, denn nun bin ich groß. Ich bin gerade acht geworden.
Alles das ereignet sich zwischen den Feldern um Tambow, in jenem Lebedjan, das berühmt ist für seine Betrüger, Zigeuner

und Pferdemärkte, wo die urwüchsige Sprache gesprochen wird, die uns bei Tolstoi und Turgenew begegnet. Es sind die Jahre 1884 bis 1893.

Weiter: grau wie das Tuch der Gymnasiastenuniform sind die Erinnerungen an das Gymnasium. Gelegentlich im Grau eine herrliche, rote Fahne. Die rote Fahne wurde auf dem Feuerwehrturm ausgehängt und bedeutete damals nicht die sozialistische Revolution, sondern zwanzig Grad unter Null, und damit eine eintägige Revolution im langweiligen, nach genauen Vorschriften eingeteilten Schulleben.
Die Laterne[1] des Skeptikers Diogenes lernte ich mit zwölf Jahren kennen. Diese »Laterne« wurde von einem kräftigen Zweitklässler angezündet. Sie brannte blau, lila, rot unter meinem linken Auge ganze zwei Wochen. Ich betete um ein Wunder, daß die Laterne erlöschen möge. Das Wunder vollzog sich nicht. Ich begann nachzudenken.
Viel Einsamkeit, viele Bücher, sehr früh Dostojewski. Bis zum heutigen Tag erinnere ich mich an die zitternde Erregung und glühenden Backen bei der Lektüre von »Netotschka Neswanowa«[2]. Dostojewski blieb lange der ältere und auch gefürchtete Führer. Ein Freund war Gogol (und viel später Anatole France).
Vom Jahr 1896 an das Gymnasium in Woronesch. Die Spezialität, von der alle wußten: russische Aufsätze. Die Spezialität, von der niemand wußte: alle möglichen Experimente an mir selbst, um mich zu »stählen«.
Ich erinnere mich: ich bin in der siebten Klasse, es ist Frühling. Ein tollwütiger Hund hat mich gebissen. Ich nehme ein Heilkundebuch und lese, daß gewöhnlich eine Frist von zwei Wochen vergeht, bis die ersten Anzeichen von Tollwut sichtbar werden. Ich beschließe, diese Frist abzuwarten. Würde ich tollwütig werden oder nicht? Ich wollte das Schicksal und mich auf die Probe stellen. In diesen zwei Wochen führte ich ein Tagebuch (das einzige Mal in meinem Leben). Nach zwei Wochen war die Tollwut nicht ausgebrochen. Ich zeigte den Biß bei der

Behörde an. Sie schickte mich sofort nach Moskau, um mir Pasteursche Impfungen machen zu lassen. Mein Experiment war glücklich verlaufen. Zehn Jahre später, als ich während der Petersburger weißen Nächte toll vor Liebe war, unternahm ich ein gefährlicheres Experiment, das kaum klüger war.

Aus dem grauen Gymnasiastentuch kroch ich 1902 heraus. Die Goldmedaille im Wert von fünfundzwanzig Rubeln wurde in einem Petersburger Pfandhaus versetzt und ist dort geblieben. Ich erinnere mich: der letzte Schultag, das Arbeitszimmer des Inspektors (von den Gymnasiasten in der Schulhierarchie als Folterknecht eingestuft); die Brille auf die Stirn geschoben, zieht der Inspektor seine Hosen hoch (die Hosen rutschten ihm ständig herunter) und gibt mir eine Broschüre. Ich lese die Widmung des Autors: »Meiner Alma Mater, an die ich nur im Schlechten denke. P. E. Schtschegoljow«.[3] Der Inspektor ermahnt mich in seiner näselnden O-Aussprache des Russischen: »Choroscho?[4] Der ist bei uns auch mit einer Medaille abgegangen. Aber was hat er dann geschrieben? So ist er ins Gefängnis gekommen. Ich rate Ihnen: Schreiben Sie nicht. Folgen Sie ihm nicht auf diesem Weg!« Die Ermahnung war in den Wind gesprochen.

Das Petersburg um die Jahrhundertwende: es gehörte der Kommissarschewskaja[5], Leonid Andrejew, Witte, Plehwe, den Trabern mit ihren blauen Netzüberhängen, den quietschenden, zweistöckigen Pferdebahnen, den Studenten mit Uniform und Säbel und den Studenten in blauen Russenblusen. Ich war Student am Polytechnikum und gehörte zur Kategorie der Russenblusen.

Ein weißer Wintermorgen auf dem Newski-Prospekt. Er ist schwarz von einer sich langsam dahinschiebenden Menge, die auf etwas wartet. Der Turm der Duma beherrscht wie ein Dirigent den Prospekt, die Menge hängt gespannten Blicks an ihm. Da ertönt ein Zeichen, ein Schlag, es ist ein Uhr. Und plötzlich nach allen Seiten schwarze Menschenspritzer, Fetzen der Marseillaise, rote Fahnen, Kosaken, Hausknechte, Polizisten ... Ich erlebe meine erste Demonstration. Es ist das Jahr 1903. Je näher das Jahr 1905 kommt, desto fiebriger die Unruhe, desto erregter die Versammlungen.

Der Sommer des Jahres 1905, ein besonders blauer, bunter, voll bis zum Rand mit Menschen und Ereignissen. Ich bin Praktikant auf dem Dampfer »Rossija«, der von Odessa nach Alexandrien fährt. Konstantinopel, Moscheen, Derwische, Basare, der weiße Marmorquai von Smyrna, die Beduinen in Beirut, die weiße Brandung von Jaffa, der schwarz-grüne Athos, das laute Port-Said, das gelb-weiße Afrika, Alexandrien mit den englischen Policemen, den Verkäufern von ausgestopften Krokodilen, das berühmte Tarsus. Besonders eindrucksvoll Jerusalem, wo ich etwa eine Woche bei der Familie eines arabischen Bekannten wohnte.

Und bei der Rückkehr nach Odessa die Epopöe der Meuterei auf der »Potemkin«. Mit dem Maschinisten der »Rossija« treibe ich mich einen ganzen Tag und eine ganze Nacht herum, mitgerissen von der Menge, erhitzt, trunken zwischen Schüssen, Bränden, Plünderungen.

Während dieser Jahre Bolschewist zu sein, hieß, in der Richtung des stärksten Widerstandes zu gehen, also war ich damals Bolschewist. Es kam der Herbst des Jahres 1905. Streiks, der schwarze Newski-Prospekt, von der Admiralität aus hier und da von grellem Scheinwerferlicht überflutet, der 17. Oktober, Versammlungen in den höheren Lehranstalten.

Es war an einem Dezemberabend. Da kam in mein Zimmer in der Lomanski-Gasse ein Freund, der großohrige Nikolai W., mit einem Papierbeutel für vorweihnachtliche Fastenbrezeln. Im Beutel war Sprengstoff. »Ich lasse dir das Beutelchen hier. Ich werde nämlich beschattet.« »Schon gut, laß es hier.« Noch heute sehe ich den Beutel vor mir links auf dem Fensterbrett neben Tüten mit Zucker und Wurst.

Am folgenden Tag erschien im »Stab« des Wyborger Bezirks gerade in dem Augenblick, als auf dem Tisch Pläne, Pistolen, verschiedene Gewehre ausgebreitet waren, Polizei. In der Mausefalle dreißig Menschen – und in meinem Zimmer, links auf dem Fensterbrett, der Beutel für Fastenbrezeln, und dazu unter dem Bett Flugblätter.

Als wir durchsucht und in verschiedene Gruppen eingeteilt waren, ergab sich, daß ich mich mit vier anderen am Fenster befand. Nahe der Laterne unter dem Fenster erblickte ich bekannte Gesichter, nutzte einen günstigen Augenblick und warf durch das obere Klappfenster ein Zettelchen, daß man aus den Zimmern dieser vier und aus meinem alles Belastende entfernen solle. Das wurde auch getan, aber davon erfuhr ich erst viel später. Vorläufig träumte ich einige Monate in der Einsamkeit des Gefängnisses auf der Schpalernaja-Straße von dem Beutel für die Fastenbrezeln links auf dem Fensterbrett.

In der Isolierung war ich verliebt, lernte Stenographie, Englisch und schrieb Verse (das war unvermeidlich). Im Frühling des Jahres 1906 wurde ich entlassen und nach meinem Heimatort verbannt.

Die Stille von Lebedjan – Glocken und Vorgärten – hielt ich nicht lange aus. Bereits im Sommer befand ich mich ohne Aufenthaltsgenehmigung wieder in Petersburg, dann in Helsingfors. Das Zimmer auf der Erdholmsgatan, unter den Fenstern das Meer, Felsen... Abends, wenn man kaum noch Gesichter unterscheiden konnte, Versammlungen auf grauem Granit. In der Nacht, wenn Gesichter überhaupt nicht mehr sichtbar waren, wurde der warme, schwarze Stein weich, weil neben mir »sie« war – die Scheinwerfer von Sweaborg leuchteten freundlich und sanft.

Einmal in der Badeanstalt machte mich ein nackter Kamerad mit einem kleinen, nackten, dickbäuchigen Menschen bekannt: es stellt sich heraus, der Dickbäuchige ist der berühmte Hauptmann der Roten Garde, Kok. Nur noch einige Tage, und die Rote Garde ist unter Waffen, am Horizont sind die schwachen Umrisse der Kronstadter Flottenabteilungen zu erkennen und hochaufspritzende Wassersäulen explodierender Dreißigzentimetergeschosse; das Grollen der Geschütze von Sweaborg wird schwächer. Verkleidet, glatt rasiert, mit einem Pincenez kehre ich nach Petersburg zurück.

Der Staat hat ein Parlament; die kleinen Staaten im Staat, die höheren Lehranstalten haben auch ein Parlament: Ältestenräte, Kampf der Parteien, Wahlkampagnen, Plakate, Pamphlete, Reden, Wahlurnen. Ich war Mitglied – eine Zeitlang auch Vorsitzender – des Ältestenrates.
Eine Vorladung: ich muß auf der Polizei erscheinen. Auf dem Revier ein grünes Formblatt: Ermittlung betreffs des »Studenten der Universität Jewgeni Iwanow Samjatin« zwecks Ausweisung aus Petersburg. Ich erkläre der Wahrheit entsprechend, daß ich niemals zur Universität gehörte, daß das Formblatt auf einem Irrtum beruhen müsse. Ich erinnere mich an die Nase des Vorstehers. Sie war wie ein Haken, ein Fragezeichen. »Hm. Wir müssen weitere Ermittlungen anstellen.« Ich ziehe sofort in einen anderen Bezirk. Dort, nach einem halben Jahr wieder eine Vorladung, ein grünes Formblatt, »Student der Universität«, Fragezeichen, weitere Ermittlungen. So geht es bis zum Jahr 1911. Da wurde endlich der Fehler auf dem grünen Formblatt berichtigt, und man wies mich aus Petersburg aus.

Im Jahr 1908 schloß ich mein Studium auf der Fakultät für Schiffsbau am Polytechnischen Institut ab und wurde dem Lehrstuhl für Schiffsentwürfe zugeteilt (von 1911 an war ich Dozent in diesem Fach). Neben den Blättern für den Entwurf eines Schiffes mit einem turmartigen Deck lagen die Blätter meiner ersten Erzählung auf dem Arbeitstisch. Ich schickte sie an die Zeitschrift *Obrasowanije* (Bildung), die Ostrogorski herausgab. Die Belletristik redigierte Arzybaschew. Im Herbst 1908 wurde diese Erzählung in *Obrasowanije* gedruckt. Wenn ich heute Menschen begegne, die diese Erzählung lasen, wird mir ebenso ungemütlich wie bei den Begegnungen mit einer Tante, in deren Gegenwart ich mir als zweijähriger öffentlich die Hosen naß machte.
In den drei folgenden Jahren Schiffe, Entwürfe von Schiffen, der Logarithmenrechner, Zeichnungen, Konstruktionen, Fachartikel in den Zeitschriften *Der Dampfer, Die Russische Schifffahrt, Nachrichten des Polytechnischen Instituts.* Mit diesen

Arbeiten waren viele Reisen innerhalb Rußlands verbunden: die Wolga bis nach Zarizyn, Astrachan, die Kama, das Donezbecken, das Kaspische Meer, Archangelsk, Murmansk, der Kaukasus, die Krim.

Während dieser Jahre entstanden zwischen Zeichnungen und Zahlen einige Erzählungen. Aber ich gab sie nicht in Druck; ich empfand, das »Eigentliche« fehlte darin. Erst im Jahr 1911 begann sich dieses »Eigentliche« zu formen. In diesem Jahr gab es unbeschreibliche weiße Nächte, sehr viel Helles und sehr viel Dunkles. In diesem Jahr erlebte ich meine Ausweisung aus Petersburg und eine sehr schwere Krankheit: die Nerven hielten nicht durch, es kam zu einem Zusammenbruch. Zuerst wohnte ich in einem einsamen Landhaus in Sestrorezk, dann in dem winterlichen Lachta. Dort, in der verschneiten Einsamkeit und Stille entstand die Erzählung »Aus der Provinz«. Diese Erzählung brachte mich mit der Schriftstellergruppe, die in der Zeitschrift *Das Vermächtnis* publizierte, in Verbindung, mit Remisow, Pryschwin, Iwanow-Rasumnik.

Im Jahr 1913 (dem dreihundertjährigen Jubiläum der Romanows) erhielt ich die Erlaubnis, nach Petersburg zurückzukehren. Dafür wurden nun Ärzte aus Petersburg ausgewiesen. Ich reiste nach Nikolajew und konstruierte dort einige Bagger, einige kleinere und größere Erzählungen und die Novelle *Am Ende der Welt.* Als sie in der Zeitschrift *Das Vermächtnis* erschien, wurde die betreffende Nummer von der Zensur konfisziert und der Autor mit den Redakteuren vor Gericht gestellt. Das Urteil erging erst kurz vor der Februarrevolution: wir wurden freigesprochen.

Der Winter 1915/16 war wieder stürmisch erregt. Er endete mit einer Aufforderung zum Duell im Januar. Im März reiste ich nach England. Bisher kannte ich vom westlichen Europa nur Deutschland. Berlin war mir als ein kondensiertes achtzigprozentiges Petersburg erschienen. In England war es anders. Dort fühlte ich mich so neu und fremd wie einst in Alexandrien und Jerusalem.

In England beschäftigten mich vor allem Eisen, Maschinen,

Zeichnungen. Ich baute Eisbrecher in Glasgow, Newcastle, Sunderland, South Shields (darunter war einer unserer größten Eisbrecher, der »Lenin«). Von oben streuten die Deutschen Bomben aus ihren Zeppelinen und Flugzeugen. Ich schrieb »Die Inselbewohner«.

Als in den Zeitungen bunte Fettbuchstaben erschienen: »Revolution in Rußland«, »Abdication of the Tsar«, hielt es mich nicht länger in England. Im September 1917 kehrte ich auf einem kleinen, alten, englischen Dampfer (es wäre nicht schade um ihn gewesen, wenn ihn die Deutschen versenkt hätten) nach Rußland zurück. Wir fuhren lange bis Bergen, etwa fünfzig Stunden mit abgedunkelten Lichtern, mit Rettungsringen gegürtet und mit einsatzbereiten Beibooten.

Der fröhlich-schreckliche Winter 1917/18, in dem alles in Bewegung geriet und irgendwohin ins Unbekannte trieb. Häuser, Schiffen gleichend, Schüsse, Durchsuchungen, nächtliche Wachen, Hausklubs. Später Straßen ohne Trambahnen, lange Schlangen von Menschen mit Säcken, die täglich viele Kilometer zu Fuß zurücklegten, der kleine, eiserne Ofen, Heringe, in der Kaffeemühle gemahlener Hafer. Doch neben dem Hafer alle nur erdenklichen Friedensprogramme: dic Klassiker aller Zeiten und aller Völker herauszugeben, die schöpferisch Tätigen aller Kunstzweige zusammenzufassen, im Theater die Geschichte der gesamten Welt darzustellen. Nun interessierten mich Zeichnungen nicht mehr – die praktische Technik wurde welk und fiel von mir ab wie ein dürres Blatt (von der Technik blieb nur eine Lehrtätigkeit am Polytechnischen Institut übrig). Gleichzeitig: ein Kurs der neuesten russischen Literatur am Pädagogischen Herzen-Institut (1920/21), ein Kurs über die Technik der künstlerischen Prosa im Studio des »Hauses der Künste«, die Arbeit im Redaktionsstab der *Weltliteratur*, im Vorstand der Allrussischen Union der Schriftsteller, im Komitee des »Hauses der Schriftsteller«, im Komitee des »Hauses der Künste«, in der Sektion Historische Bilder PTO, in den Verlagen »Grzebin«, »Alkonost«, »Petropolis«, »Mysl«, als Redakteur der Zeitschriften *Haus der Künste, Zeitgenössischer*

Westen, Russischer Zeitgenosse. In diesen Jahren schrieb ich verhältnismäßig wenig; zu den größeren Arbeiten gehört der Roman *Wir*, der 1925[6] auf Englisch erschien und später auch in andere Sprachen übersetzt wurde. Russisch ist der Roman noch nicht veröffentlicht worden.
1925 beging ich Verrat an der Prosa. Ich schrieb die Stücke *Der Floh* und *Die Gesellschaft der ehrenwerten Glöckner. Der Floh* wurde erstmalig im Februar 1925 im Zweiten Moskauer Künstlertheater aufgeführt. *Die Gesellschaft der ehrenwerten Glöckner* im Michailow-Theater in Leningrad im November 1925. Ein neues Stück, die Tragödie *Attila*, beendete ich 1928. In *Attila* wechselte ich zu Versen über. Eine Weiterentwicklung in dieser Richtung ist nicht möglich. Ich wende mich nun wieder dem Roman und Erzählungen zu.
Wäre ich 1917 nicht aus England zurückgekehrt, hätte ich diese Jahre nicht zusammen mit Rußland verlebt, hätte ich sicher nicht mehr schreiben können. Ich sah vieles: in Petersburg, in Moskau, in der tiefsten Provinz um Tambow, in den Landkreisen von Wologda und Pskow, in Eisenbahnwagen vierter Klasse.
So hat sich ein Kreis geschlossen. Noch sehe ich nicht voraus, wie sich die weiteren Kurven meines Lebens gestalten werden.

1929

1 Der russische Begriff *fonar* bedeutet gleichzeitig Laterne und ein durch Prügel entstandener blauer Fleck.
2 1849 erschienenes Romanfragment Dostojewskis, das er 1860 für die Ausgabe seiner Gesammelten Werke zu einer Erzählung umarbeitete.

3 Schtschegoljow, Pawel Jelisejewitsch (1877–1931), Literaturhistoriker.
4 Choroscho = gut.
5 Kommisarschewskaja, Wera Fjodorowna (1864–1910), führende Schauspielerin mit eigenem Theater in Petersburg.
6 Hier irrt Samjatin. Der Roman *Wir* erschien in englischer Fassung 1924.

Nachwort

Jewgeni Iwanowitsch Samjatin war während der zwanziger Jahre einer der bedeutendsten und einflußreichsten Schriftsteller in Sowjetrußland. Als enger Mitarbeiter Gorkis in Leningrad beteiligte er sich in vielen Institutionen am Aufbau eines neuen kulturellen Lebens. In der Leningrader Sektion des Allrussischen Schriftstellerverbandes nahm er eine führende Stellung ein, gehörte zum Redaktionsstab vieler Zeitschriften, trat an literarischen Abenden mit der Lesung eigener Werke hervor. Daneben gab er in Arbeitszirkeln und Seminaren, in denen Gorki junge Leute mit literarischem Talent gesammelt hatte, Unterricht im Schreiben von Prosa. Diesen Arbeitszirkeln entstammten die sogenannten Serapionsbrüder, die wie Konstantin Fedin, Wenjamin Kawerin, Michail Soschtschenko das Weltverständnis und die Kunstauffassung, die Samjatin ihnen vermittelte, weiterentwickelten. Somit blieb Samjatins Wirkung in der Sowjetunion erhalten, auch wenn sein Werk während der stalinistischen Ära totgeschwiegen wurde. Die negative Utopie *Wir*, die Samjatin 1920 schrieb und die 1924 in englischer, französischer und tschechischer Übersetzung erschien, erlangte auch im Westen Bedeutung. Offensichtlich sind Huxleys *Brave New World* und Orwells *1984* von Samjatins Zukunftsvision beeinflußt.

Als sich 1929 mit dem Beginn des ersten Fünfjahresplans der politische Kurs verschärfte, sah RAPP, die russische Assoziation proletarischer Schriftsteller, die militant die Ideologie der Partei vertrat, die Zeit gekommen, Samjatin aus seiner führenden Position zu verdrängen. Nachdem ohne sein Wissen in einer Prager Zeitung Auszüge aus dem Roman *Wir*, die man kurzerhand aus dem Englischen rückübersetzt hatte, veröffentlicht wurden, brach eine Hetzkampagne gegen Samjatin aus, die ihn schließlich dazu veranlaßte, in der *Literaturnaja gaseta*

ausführlich Stellung zu nehmen und seinen Austritt aus dem Schriftstellerverband zu erklären. Samjatin versuchte nun, mit Übersetzungen aus dem Englischen das Notwendigste zum Leben zu verdienen. Aber bald gab er den Kampf auf und beschloß, wenigstens für einige Zeit in das westliche Ausland zu gehen. Er wandte sich an Gorki mit der Bitte, ihn bei seinem Ausreisegesuch, das er für sich und seine Frau an Stalin gerichtet hatte, zu unterstützen. In einem Essay über Gorki schildert er, wie dieser alte Freund ihn am letzten, gemeinsamen Abend in seinem Landhaus zu überreden versuchte, den Paß, zu dem er ihm verholfen hatte, zurückzugeben und in der Sowjetunion zu bleiben. Samjatin ist Gorkis Rat nicht gefolgt. Er emigrierte im November 1931 und ließ sich nach kurzen Aufenthalten in Riga, Berlin und Prag in Paris nieder. Seine letzten Lebensjahre waren schwer. Er litt an Kolitis und Angina pectoris. Dazu kamen Existenzsorgen, denn seine Arbeiten fanden bei den ausländischen Lesern nur begrenzten Widerhall.
Auch in der Emigration hat sich Samjatin als sowjetischer Schriftsteller betrachtet, seinen Paß nie zurückgegeben und sich 1935 auf dem Schriftstellerkongreß in Paris ostentativ der sowjetischen Delegation angeschlossen. Er starb 1937 in Paris. Eine vollständige Ausgabe seines Werks sowohl im russischen Original wie in Übersetzungen steht noch aus.

In der Sowjetunion blieb Samjatins Name nach seinem Ausscheiden aus dem Schriftstellerverband verfemt. In der großen sowjetischen Enzyklopädie von 1933 wird er noch als bürgerlicher Schriftsteller angeführt, der die soziale Revolution nicht anerkennt und mit seinem Werk ein verzerrtes Bild der sowjetischen Wirklichkeit gibt. In der Neuausgabe von 1949 ist der Artikel über ihn gestrichen. Auch nach Stalins Tod erfuhr Samjatin keine Rehabilitation. In den sechziger Jahren tauchte sein Name gelegentlich als der eines dekadenten, der Revolution feindlichen Schriftstellers auf.
Von großem Gewicht war, daß Solschenizyn in seiner Nobelpreisrede 1970 an die Bedeutung Samjatins erinnerte. Er sagte,

daß der Bestand einer Nation gefährdet sei, wenn sie nicht die Möglichkeit habe, sich frei zu äußern, denn damit gehe ihre Identität, das Bewußtsein ihrer Einheit verloren. Er fuhr fort: »Wenn man solche Meister wie Achmatowa oder Samjatin bei lebendigem Leib auf Lebenszeit einmauert, wenn man sie verurteilt, lebenslänglich mit ihrem Schaffen stumm zu bleiben, nicht den Widerhall ihres Schaffens zu hören, dann ist das nicht nur ihr persönliches Unglück, sondern eine Gefahr für die ganze Nation.«
Mit dem Einsetzen von Glasnost und Perestroika in der jüngsten Vergangenheit wurde ein Teil des Werks Samjatins der russischen Öffentlichkeit wieder zugänglich gemacht. Ein Band mit Erzählungen erschien 1986, der Roman *Wir* wurde in der Zeitschrift *Snamja* 1988 in einer Auflage von einer halben Million gedruckt. Manche Rezensenten üben auch heute noch vorsichtige Zurückhaltung, betonen die Kritik an Samjatins eigenwilligem, künstlichem Stil, wobei sie sich auf Urteile Gorkis und Fedins berufen. Diese schrieben seinerzeit, daß in Samjatins Werk der Ingenieur, der Mathematiker zu deutlich hervortrete, daß seine Syntax konstruiert wirke, nicht aus der Intuition geschöpft sei. Jedoch stimmen die heutigen Kritiker trotz ihrer Vorbehalte darin überein, daß Samjatins Werk ein wichtiges Glied in der Entwicklung der russischen Literatur nach 1917 ist; ihn zu vergessen, bedeute, die Fäden der Tradition zu zerreißen.
In dem Roman *Wir* hat Samjatin das Bild eines Zwangsstaates entworfen, den er in Sowjetrußland schon 1920 in seinen Grundzügen vorgezeichnet sah. Doch bezieht er sich in der Beschreibung des »Einzigen Staates« nicht nur auf den »real existierenden« sowjetischen Staat, sondern zeichnet das negative, utopische Bild einer »entropisch« erstarrten Gesellschaft, das Bild des Endstadiums, auf das sich seiner Meinung nach unsere gesamte technische Zivilisation hinentwickelt. Der bekannte sowjetische Literaturwissenschaftler Wladimir Lakschin bezeichnet in seiner Rezension (*Snamja* 1988, Nr. 4) den Roman als eine utopische Satire, die eine Warnung darstellt. Er

schreibt, daß selbst, wenn wir nicht in allem mit dem Autor einverstanden sind, wir ihn doch nicht wegen des erschreckenden Bildes, das er entwirft, verwünschen sollten. Es sei ein Zeichen von Kraft und Selbstsicherheit, die Samjatinsche Antiutopie frei von Schuldkomplexen oder Angst zu betrachten. Die düstere Warnung zu hören bedeute, das Übel nicht zuzulassen.

Sehr viel freimütiger urteilt der Rezensent O. Michailow (*Snamja* 1988, Nr. 4–5). Er äußert, daß mit der Veröffentlichung Samjatins ein weißer Fleck in der russischen Literaturgeschichte getilgt sei. Im Gegensatz zu Lakschin sieht er in dem Roman *Wir* nicht nur eine kühne Antiutopie, die vor einer möglichen schrecklichen Zukunft warnt, sondern betont, daß dieses Werk äußerst relevant für die Gegenwart sei und im Sinne der Perestroika wirke. Grundlegendes Problem des Romans sei die »Frage aller Fragen«, die heute im Zentrum unseres geistigen Lebens, im Zentrum des Streites um mehr Sozialismus, mehr Demokratie steht: sind große Errungenschaften, große Ziele gerechtfertigt, wenn ihretwegen Menschen zu Sklaven, zu Ameisen, zu entpersönlichten Nummern gemacht werden? Er sagt weiter, daß diese Auffassung nicht nur gefährlich für eine ferne Zukunft sei, sondern noch kürzlich, in der eben erst vergangenen Zeit gewirkt habe. Michailow zitiert abschließend Sätze aus einem Essay Samjatins: »Der Eisbrecher ist eine spezifisch russische Sache wie der Samowar. Kein europäisches Land baut für sich solche Eisbrecher, kein europäisches Land hat sie nötig: überall sind die Meere frei, nur in Rußland sind sie mit dem Eis der erbarmungslosen Winter gefesselt, und um nicht von der Welt abgeschnitten zu sein, muß man diese Fesseln sprengen. Rußland bewegt sich vorwärts auf einem seltsamen, schweren Weg, der nicht der Entwicklung anderer Länder entspricht. Rußlands Weg ist ungleich, krampfhaft, es arbeitet sich nach oben, dann stürzt es unter Poltern und Krachen sogleich wieder nach unten. Seine Entwicklung bedeutet immer auch Zerstörung.« In diesen Sätzen sieht Michailow ein »ermutigendes Signal«, das Samjatin hinweg über

das »undurchdringliche Packeis« gibt, das sich in »Jahrzehnten bittersten Frostes« aufgetürmt hat.
Als Schiffsbauingenieur, als Techniker, gründet Samjatin sein Weltbild, in dem die Revolution die zentrale Stellung einnimmt, auf die Physik. Er entlehnt von Robert Mayer, dem deutschen Naturwissenschaftler, der als erster das Gesetz von der Erhaltung der Energie aufstellte, die Begriffe der »Energie« und der »Entropie« und überträgt sie in wissenschaftlich anfechtbarer Weise auf seine Geschichtsphilosophie. Mayer lehrte, daß die wärmeerzeugende Energie nach dem Wärmeausgleich, der Entropie strebt, die den Kältetod der Welt bedeutet. Rettung vor diesem Kältetod der Welt bot nach Mayer der Zusammenprall von Sternen, der neue Energie und damit neue Wärme erzeugt. In Anlehnung an Mayer faßt Samjatin die Geschichte als einen Wechsel von Episoden der »Energie« und »Entropie« auf, Zeiten, in denen einerseits durch gewaltige Revolutionen, die den Explosionen von Sternen gleichen, Impulse zur Schaffung neuer Lebensformen freiwerden und andererseits Zeiten, in denen diese neugeschaffenen Lebensformen allmählich zum toten Gesetz, zum sterilen Dogma erstarren. Alexander Blok und Isaak Babel erlebten die Revolution von 1917 als das Walten blinder Urkräfte, Boris Pilnjak sah in ihr den Aufstand des anarchisch bäuerlichen Rußland gegen die seit Peter dem Großen erlittene Überfremdung durch westliche Kultur. Für Samjatin ist die kommunistische Revolution kein einmaliges historisches Ereignis; Revolutionen wird es nach seiner Anschauung immer geben, sie sind für ihn das zentrale Lebensgesetz der Geschichte. In den Revolutionen, so glaubt er, werden kosmische Ursubstanzen frei, die die diesseitige Wirklichkeit bestimmen. Insofern versteht er Revolutionen nicht nur als ein geschichtliches, sondern auch immer als ein metaphysisch-kosmisches Geschehen. Samjatin ist überzeugt, daß mit logischem, an die Vorstellungen von Raum und Zeit gebundenem Denken die eigentliche Wirklichkeit – er nennt sie die Welt der »realiora« – nicht zu erfassen ist. Diese Ansicht gründet er auf die Lehre Einsteins. Er schreibt in seinem Essay: »Nachdem

Einstein die Welt geometrisch-philosophisch erschüttert hat, sind die früheren Begriffe von Raum und Zeit endgültig untergegangen.«

Von der Relativität alles Meßbaren leitet Samjatin in der für ihn charakteristischen Weise, naturwissenschaftliche und philosophische Bereiche zu verknüpfen, die Relativität aller ethischen Werte ab, denn was heute berechtigt und notwendig erscheint, wird nach seiner Ansicht bereits vom Morgen annulliert und in das Gegenteil verkehrt sein. Er zweifelt, ob Schwarz oder Weiß, Pflicht oder Verbrechen im Leben scharf zu trennen sind. Hängt unser logisches Urteil nicht von dem logischen Grundsatz ab, von dem wir ausgehen? Wie Samjatin keine feststehenden Werte, keine feststehende Moral anerkennt, so glaubt er auch an keine allgemeingültige Wahrheit. Dauerhaft bestehend ist für ihn nur die Energie, die sich in allen Phasen der geschichtlichen Entwicklung der Menschheit als treibende Lebenskraft offenbart, jedoch keine bestimmte Zielsetzung verfolgt, denn positiv und negativ geladene Teilchen sind einander zwar entgegengesetzt, doch fließt dieselbe Energie in ihnen.

Da Samjatin keine allgemeingültige Wahrheit kennt, gibt es für ihn auch keine Religion, die Anspruch auf Wahrheit erheben könnte. Er bezeichnet sich als einen Antichristen und sagt, daß die Vorfahren aus Angst vor der kristallblauen Leere des Nichts einen Spielzeughimmel erfanden. Gott ist für ihn ein gelangweilter Skeptiker, ein Henker, der die Menschen, wie im Fall Abrahams, grausam zum Äußersten treibt, um ihnen am Ende zuzurufen, er habe nur gescherzt.

Samjatin sieht in Robert Mayer, der mit seiner These von der Erhaltung der Energie erst spät Anerkennung fand, einen Romantiker der Wissenschaft, einen Don Quichotte der Physik. Sein Schicksal – Mayer wurde zeitweise für geisteskrank erklärt und in eine psychiatrische Anstalt gesperrt – hält er für beispielhaft, denn nach Samjatins Meinung stehen Menschen, die zur Führungselite gehören und ihrer Zeit weit voraus gegen die geltende Ordnung neue Maßstäbe und Werte schaffen, immer außerhalb ihrer Zeit und werden als »Träumer«, »Häretiker« oder »Aufrührer« verurteilt; doch hängt von ihrer Entscheidung, von ihrem Kampf gegen die gleichgültige, träge Menge ab, ob das geschichtliche Leben neue Impulse erfährt.

Mit der Überzeugung, daß persönlicher Einsatz und persönliches Handeln für die geschichtliche Entwicklung von entscheidender Bedeutung sind, bekennt sich Samjatin zum westlichen Humanismus und zur westlichen Aufklärung. H. G. Wells und Anatole France sind Schriftsteller, auf die er sich besonders beruft. Er wehrt sich gegen die in Rußland durch viele Jahrhunderte vorherrschende Denktradition – eine Tradition, die mit dem späten Bekanntwerden des antiken Kulturerbes in Rußland zusammenhängt und entsprechend der das Individuum nur als Glied der Allgemeinheit Wert und Urteilsberechtigung hat, mag diese Allgemeinheit als Gemeinschaft der Kirche, eines Standes oder als Zentralkomitee der kommunistischen Partei aufgefaßt werden.

Samjatin ist davon überzeugt, daß das Leben eines Menschen, der als Einzelner ohne ein Glaubensbekenntnis, ohne eine Ideologie auskommen will, tragisch ist, da er sich auf nichts Feststehendes stützen kann und keine andere Gewißheit hat, als daß das heute Existierende morgen zerstört sein wird. Auch die Erkenntnisse der Wissenschaft vermitteln ihm keine »Wahrheit«; er sieht in dem Streben, die Welt mit dem Verstand zu ergründen, nur den feigen Versuch, das Unendliche mit einem Mäuerchen zu umbauen, um dem Unfaßbaren nicht ins Auge sehen zu müssen. Er sagt, daß es das Letzte vom Menschen fordert, angesichts des Unendlichen zu leben, das vielfach als das Unerklärliche, Antinomische, Absurde erscheint: »Die Welt Euklids ist sehr einfach und die Einsteins sehr kompliziert – und dennoch können wir nicht zu Euklid zurückkehren. Revolution und Häresie sind niemals angenehm oder leicht. Deshalb, weil sie Sprung sind, Bruch mit der stetig verlaufenden Kurve der Entwicklung – und Bruch bedeutet Wunde, Schmerz. Aber wir müssen verwunden. Die meisten Menschen leiden an einer ererbten Schlafkrankheit; den an dieser Krankheit (der

Entropie) Leidenden darf man nicht erlauben zu schlafen, sonst tritt der letzte Schlaf, der Tod ein«.
Als Menschen, die imstande waren, sich in den dialektischen Syllogismus des Weltgeschehens einzuordnen, und die Kraft hatten, das Ephemere, Vergängliche ihres Tuns zu erkennen, führt Samjatin Nietzsche an, der auf alle »Krücken der Sicherheit« verzichtete, und Einstein, der sich als Beobachter der Bewegung in die Bewegung einschloß.

Samjatin erwähnt Schopenhauer und Nietzsche als ihm nahestehende Philosophen. Tatsächlich könnten manche seiner Sätze unmittelbar dem *Zarathustra* entnommen sein. Das Bild, das er vom Elitemenschen entwirft, der nur für das Zukünftige lebt und willig untergeht, wenn sich das Heute erfüllt hat, erinnert an Nietzsches Lehre von den Erfindern neuer Werte, die »Untergehende« und gleichzeitig »Hinübergehende« sind. Samjatins Sätze über die an der »Entropie« leidenden Menschen lassen sich mit Nietzsches Lehre von den Winterschläfern und Ofenhockern vergleichen. Auch in Samjatins Einstellung zur Religion kehren Gedanken Nietzsches wieder; Nietzsche sprach bereits von dem Henker-Gott, dem himmlischen Nichts und warnte, den Kopf in den Sand der himmlischen Dinge zu stecken. Samjatins unerbittliche Verachtung des Spießers, der sich mit dem Kompromiß des kleinen Glücks zufriedengibt, begegnet uns ebenfalls bei Nietzsche.
Die starke Betonung der intuitiven Erkenntnis, die sich aus dem Unbewußten herleitet, die Überzeugung, daß ständig neue Lebensformen die alten, überlebten verdrängen, finden wir in Bergsons Lehre vom »élan vital« und der »création perpétuelle«. Bergsons Einfluß in Sowjetrußland war beträchtlich und forderte die Marxisten zu Entgegnungen heraus. G.W. Plechanow z.B. schrieb, daß durch eine Welterkenntnis, die sich auf die Intuition gründet, nichts als »gefährlicher, mystischer Nebel« entstehe.
Neben den Anklängen an Hegel und Marx, an Einstein, Bergson, Nietzsche und Kierkegaard in Samjatins Weltbild sind die

Übereinstimmungen mit dem zeitgenössischen westeuropäischen Schriftsteller Robert Musil, der wie Samjatin auch Ingenieur war, bemerkenswert. In den *Verwirrungen des Zöglings Törleß*, den *Schwärmern* und dem Lebenswerk *Der Mann ohne Eigenschaften* bringt Musil zum Ausdruck, daß es neben dem Denken »am Faden der Kausalität« ein anderes, lebendiges gibt, das sich nicht »im Lichtkreis des Gehirns«, sondern »im dunklen Boden des Innersten« vollzieht, daß Denken letztlich ein Seelenzustand ist. Das gleiche erfährt Samjatins Ingenieur in den Roman *Wir*: durch die Liebe entdeckt er die Welt des Unbewußten. Beide Schriftsteller benutzen zum Hinweis auf die rational nicht erfaßbare Welt des Metaphysischen die imaginären Zahlen; beide sehen in der Welt des Möglichen eine andere Erscheinungsform von Wirklichkeit, die sich im »Morgen« manifestieren kann. Daher sind für beide Schriftsteller Menschen von Bedeutung, die – wie Musil fast in wörtlicher Übereinstimmung mit Samjatin schreibt – »im Namen des Morgen das Heute emporführend behandeln«. Beide Schriftsteller wissen, daß erst durch einen schmerzhaften Riß in der Seele die Dimension des Möglichen erkennbar wird – einen Riß, den die meisten lieber zukleben, zuschwindeln (Musil) oder, wie es Samjatin ausdrückt, mit der »Mauer des Verstandes« umbauen.

In seinen Essays spricht Samjatin davon, daß in der neuen Epoche Wirklichkeit neu erlebt und neu dargestellt werden müsse. Er meint, daß weder mit dem Realismus eines Tolstoi noch den Träumen und Spekulationen der Symbolisten Wirklichkeit zu erfassen sei. Andrei Belyi z.B. sah mit Baudelaire im Universum einen Wald von Symbolen mit übersinnlichem Gehalt; Kunst war für ihn letzten Endes Religion, der Symbolismus ein religiöses Bekenntnis. Blok sah das Streben des Künstlers darin, aus dem Chaos der Urelemente einen Kosmos der Harmonie zu schaffen. Wie Belyi erlebte er diese Urelemente als Urmusik. Samjatin fordert als Stil der neuen Epoche »Neorealismus«, eine Verbindung von Realismus und Phantastik. Entsprechend der Hegelschen Dialektik sieht er die Entwicklung der Kunst in Spiralen, d.h. in These (Realismus), Antithese (Symbolismus) und Synthese (Neorealismus). Die Wirklichkeit, die der Neorealismus zu erfassen sucht, nennt er die »realiora«, im Gegensatz zu den »realia«, die der historische Realismus darstellt. Auch die Symbolisten kennen den Begriff der »realiora«; sie verstehen darunter eine höhere, metaphysische Welt, der die diesseitige Welt der »realia« entgegengesetzt ist. Für Samjatin dagegen bedeuten die »realiora« Erscheinungen der konkreten Dinglichkeit, die er in der Relativität ihrer Raum- und Zeitmaße zu erfassen sucht.

»Die Wissenschaft und die Kunst bestehen in gleicher Weise aus dem Entwerfen einer Welt in irgendwelche Koordinaten. Die Verschiedenheit der Formen liegt nur an der Verschiedenheit der Koordinaten. Alle realistischen Formen sind Projektion auf die unbeweglichen, flächigen Koordinaten der euklidischen Welt. In der Natur gibt es die begrenzte, unbewegliche Welt nicht, sie ist verabredet, abstrahiert und entspricht nicht der Wirklichkeit. Deshalb ist auch der sozialistische oder der bürgerliche Realismus unwirklich. Der Realität bedeutend näher steht das, was auf die schiefe, sich schnell bewegende Ebene projiziert ist; diese Darstellungsweise wenden die neue Mathematik und die neue Kunst an. Der Realismus, der nicht primitiv sein will – nicht realia, sondern realiora wiedergibt –, liegt in der Verschiebung, in der Einstellung, in der Krümmung, in der Nichtobjektivität; objektiv ist nur das Objektiv des Fotoapparates.«

Europäische Maler, die die Vielschichtigkeit der Welt, die die »realiora« statt der »realia« darstellten, sind für Samjatin Bosch und Breughel. H. G. Wells ist der zeitgenössische, europäische Schriftsteller, der ihn besonders wegen seiner Phantastik beeindruckt. Samjatin hebt hervor, daß wir in Wells' Werk Paradoxes finden, die Verbindung von Phantasie und Wissenschaft; mathematisches Symbol dieser Phantastik ist für ihn die Hyperbel, deren eines Ende sich auf die Erde, die Wissenschaft, den Positivismus gründet und deren anderes Ende sich in den Wolken verliert.

Zu der Wirklichkeit der »realiora« gehört für Samjatin die dynamische Bewegung. Sein Ziel ist, nicht einen festen Zustand (byt), sondern das Leben in seiner Wandelbarkeit (bytije) zu beschreiben. Die Syntax einer Erzählung muß daher elliptisch, leicht und schwingend gebaut sein. Lange Satzperioden vergleicht er mit Pferdekutschen von anno dazumal, aus denen der Reisende beschaulich auf die Landstraße blicken konnte, während im Zeitalter des Autos und der Flugzeuge die Gegenstände am Betrachter in Sekundenschnelle vorübergleiten, so daß ihm nur bestimmte charakteristische Einzelheiten, die er aus den schnell aufeinanderfolgenden Bildern summierte, im Gedächtnis bleiben. Unter den westlichen Schriftstellern ist ihm O'Henry beispielhaft wegen des dynamischen, kinematographischen Stils, mit dem er das fieberhaft erregte Leben in den amerikanischen Großstädten beschreibt. Den Essay über O'Henry beginnt er mit folgenden Sätzen: »Schreiende Reklamen, flimmernde Lichter in den Fenstern, an den Wänden, am Himmel; Züge rattern irgendwo über dem Kopf in der Luft; Etagen stürzen sich wild übereinander, eine auf die Schultern der anderen, die zehnte, die fünfzehnte, die zwanzigste. London, Paris, Berlin, nur zehnmal so fiebrig im Kaleidoskop der Umdrehung – das ist Amerika.« Ähnlich kaleidoskopisch beschreibt Samjatin die Reise der Iwane ins Unbekannte: »Sie hängten sich mit aller Kraft an den Pferdeschwanz – und fort ging's. In ihren Augen flimmerte es: eine Kirche, Felder – Felder, eine Kirche.« Der dynamische Stil, den Samjatin fordert, ist ein wichtiges Element des Futurismus. Es ist verständlich, daß er einen starken Widerhall in Sowjetrußland fand, denn der intensivierten Industrialisierung entsprach der explosive »Maschinenstil« der Futuristen, der die lastende Tradition der Vergangenheit sprengen sollte.

Es wäre interessant, den Stil deutscher und sowjetischer Schriftsteller, die vom Futurismus beeinflußt sind, zu vergleichen. Obwohl viele russische Schriftsteller sich zu Beginn der zwanziger Jahre zeitweise in Berlin aufhielten, ist nicht bekannt, daß sie engere Beziehungen zu den deutschen Avantgardisten aufgenommen hätten. In dem Essay »Neue russische Prosa« zählt Samjatin westeuropäische Schriftsteller auf – darunter Bernard Shaw und Upton Sinclair –, die er wegen ihrer Verquickung von Realität und philosophisch-sozialistischer oder mystischer Phantastik bemerkenswert findet. Die wichtigsten Vertreter des deutschen Futurismus kannte er anscheinend nicht, sonst hätte er z. B. Döblin genannt, der wie Samjatin »dynamische Bewegung«, den »Kinostil mit rapiden Abläufen« zum Stil der Epoche erklärte.

Samjatin betont – hierin entspricht er der russischen Formalen Schule – die Wichtigkeit von Stil und Komposition, von Rhythmus und Syntax. Die Formalisten sahen im Gegensatz zu den Symbolisten Dichtung nicht als die Widerspiegelung einer geheimen, höheren Welt – für sie war Dichtung Sprache in ihrer ästhetischen Funktion. Schklowski formulierte: »Ein literarisches Werk ist die Summe aller angewandten Stilmittel.« In der postum veröffentlichten Vorlesung *Über die Sprache*, die er 1920 im Haus der Künste hielt, spricht Samjatin über die Kunstmittel der von ihm geforderten »Ornamentalen Prosa«. Er weist darauf hin, daß der Schriftsteller seine eigene Sprache mit den ihr eigenen Gesetzen und einem von der Alltagssprache abweichenden Wortschatz schaffen muß. Dazu können Neologismen gehören, Ausdrücke aus dem Bereich der Wissenschaft und der Technik, aber auch Provinzialismen und folkloristische Redewendungen. Leskow und Remisow folgend, führt Samjatin in dem Essay über die Sprache kirchenslawische und altrussische Texte als weitere Quellen zur Bereicherung des Wortschatzes an. Dieses Stilmittel kann man im vorliegenden Band am Beispiel der Erzählungen aus dem alten Rußland, aber auch in dem satirischen Text »Ein Schlag mit der Faust« nachvollziehen.

Ein Beispiel für das Kunstmittel des »skas« – einer Art fingierten mündlichen Erzählweise – bietet die Erzählung »Das Wort hat Genosse Tschurygin«. Hier spricht ein halbgebildeter Parteifunktionär, dessen angelerntes, politisches Kauderwelsch den ehemaligen Bauern erkennen läßt. Trotz oberflächlicher

Aufklärung ist er noch in religiösen Anschauungen befangen, erwähnt »unseren rechtgläubigen Gott, an den wir Gott sei Dank nicht mehr glauben«, wünscht seinem toten Bruder die »ewige Seligkeit«; den Gutsbesitzer nennt er in Anlehnung an den neuen Jargon eine »Fehlgeburt der Gesellschaft, die unser Blut saugt«. Durch diese Sprechweise, vor allem durch den falsch verwendeten Ausdruck »liquidieren«, deutet Samjatin an, daß der an sich harmlose, unbedeutende Funktionär, ohne sich darüber im klaren zu sein, zu einem Rädchen der Vernichtungsmaschine werden könnte.

In dem Aufsatz »Hinter den Kulissen« schildert Samjatin die Entstehung der Erzählung »Die Höhle«. Er sagt, daß er ein Grundbild vor sich sehen müsse, ein Leitmotiv, aus dem sich alle anderen Bilder entwickeln. Ein solches Grundbild wirke wie ein Integral und bestimme die gesamte Darstellungweise, alle Details, alle Einzelzüge. Der Schriftsteller müsse sich darauf beschränken, nur den Extrakt, nur das Charakteristische dieser Bilder zu geben. Auf diese Weise werde der Leser auf eine bestimmte Erlebnisweise eingestimmt und gezwungen, das unvollendete Bild selbst zu Ende zu zeichnen. Das Grundbild in der Erzählung »Die Höhle« ist das zu einer eiszeitlichen Höhlenlandschaft verfremdete Petersburg. Samjatin umreißt es mit drei lapidar nebeneinandergesetzten Substantiven: »Eisberge, Mammute, Einöden«. Dann führt er das Bild weiter aus: »Nächtliche, schwarze, an Häuser erinnernde Felsen. In den Felsen sind Höhlen, und man weiß nicht, wer nachts auf dem Steinpfad zwischen den Felsen trompetet und, die Spur schnüffelnd, den weißen Schneestaub aufwirbelt, vielleicht ein graurüsseliges Mammut, vielleicht der Wind, vielleicht ist auch der Wind das eisige Geheul eines Übermammuts.« Diesem Bild entsprechend werden die Menschen in ihren Wohnungen zu eiszeitlichen Höhlenbewohnern; ihre Kleider sind struppige Felle, sie haben Krallen und Raubtierzähne. Zu dem Grundbild der eiszeitlichen Höhle paßt die Beschreibung der an Entkräftung sterbenden Frau. Unter dem lastenden Gewölbe der Höhle – der Zimmerdecke – liegt sie flach-papieren, plattgedrückt.

Auch Martin Martinytsch, ihr Ehemann, hat seine frühere Identität verloren. Sein Gesicht ist vor Auszehrung fahl, lehmfarben. Samjatin setzt in Klammern dazu – wobei offenbleibt, ob es sich um einen Autorenkommentar oder um die Empfindung von Martin Martinytsch handelt – : »Zurück zu Adam«, d.h. zum raubtierähnlichen Urmenschen.

In »Mamai« sind die Häuser des ehemaligen Petersburg nicht zu Höhlen, sondern zu Schiffen verfremdet; sie treiben durch die Nacht wie auf einem stürmischen Meer. Die Hausbewohner erscheinen als Passagiere, die Wohnungen als Kajüten, der Hauseingang ist die Einstiegluke des Schiffs. Der Hausbevollmächtigte, der Kapitän, der die Passagiere durch die Gefährdungen der Nacht steuern muß, sieht aus wie eine der Atlasfiguren der Eremitage, die auf ihren gebeugten Nacken schwere Gesimse tragen. Den Mamai von 1917 beschreibt Samjatin als kleinen, glatzköpfigen Mann mit ungelenken Händen. Frau Mamai dagegen, eine schwere vollbusige Mutterfigur, gleicht einem allumfassenden Buddha, den der kleine, hilflose Mamai nur gelegentlich überlistet. Auch der ängstliche Mamai von 1917 kann sich unvermutet so blutrünstig gebärden wie sein Namensvetter aus dem vierzehnten Jahrhundert. Ohne zu zögern ersticht er die Maus, die sein unter der Türschwelle verstecktes Geld zernagt hat. Die letzten Sätze der Erzählung sind charakteristisch für Samjatins elliptischen Stil: – Wie eine Melone: »erst geht es schwer – die Schale, aber dann ist es ganz leicht – das Weiche. Stopp. Das war schon Parkett. Schluß, aus.«

»Neorealismus« ist für Samjatin nicht denkbar ohne Ironie und Satire. Er meint, daß bisher nur wenige russische Schriftsteller die Satire handhaben konnten, denn diese scharfgeschliffene Waffe sei europäisch, die autokratisch regierten Russen dagegen kennten nur die Knute oder den Holzknüppel. Samjatins Kunstmittel der Satire sind Verfremdung, Hyperbolik, die Verschiebung von Erzählperspektiven, ein besonderes Vokabular, eine besondere Syntax, das Kombinieren von nicht zueinander passenden Bildern und Begriffen. Mit diesen Kunstmitteln, die

bereits Gogol und Saltykow-Schtschedrin anwandten, hat er die »Märchen für große Kinder« ins Groteske stilisiert: Gott im rosa Kattunhemd, der Strümpfe strickt; ein Engel, der sich den Bauch vor Lachen hält; ein aus dem modernen russischen Alphabet ausgemerzter Buchstabe, der zum gefürchteten Tyrannen wird, sind Beispiele für Samjatins satirische Hyperbolik.
Vielfach charakterisiert Samjatin Menschen durch die Hervorhebung von Teilaspekten: die an Pinguinflügel erinnernden Arme betonen die Hilflosigkeit des Anti-Helden Mamai; in »Die Helferin der Sünder« deuten die gelben Zähne die Brutalität des Bauern Sikidin an. Dieselbe Funktion haben die Zähne des egoistischen Obertyschen in »Die Höhle«. Der törichte, alte Onissim, der sich auch angesichts grausamer Vorgänge immer nur wundert, hat einen Mund wie ein O (sein Name unterstreicht dieses Detail). Der sich nach höheren Regionen sehnende Küster heißt Nase. Mit dieser Namensgebung spielt Samjatin darauf an, daß er an der Nase herumgeführt wird, denn auch das Russische kennt diese Wendung. Soschtschenko, der 1946 als Autor angeblich »ideologisch schädlicher Werke« durch ein Parteidekret scharf verurteilt wurde, hat Samjatins Stilmittel der Satire weiterentwickelt. Andrei Platonow, der aus der offiziellen Literatur ausgemerzt wurde; Wladimir Maramsin, 1975 zu fünf Jahren Haft auf Bewährung verurteilt und heute in Paris ansässig; die Brüder Arkadi und Boris Strugazki, die mit ihrer ins Phantastisch-Groteske verzerrten Prosa die sowjetische Wirklichkeit bloßstellten, beweisen, daß Samjatins Satire, obwohl sie fünf Jahrzehnte unterdrückt wurde, im Untergrund weitergewirkt hat.
Auch Samjatins spekulative Phantastik hat das Schaffen vieler späterer russischer Autoren beeinflußt. Andrei Sinjawski, der nach der Verbüßung von sieben Jahren verschärfter Lagerhaft 1973 nach Paris emigrierte, betont in dem Aufsatz: »Was ist sozialistischer Realismus«, daß Skepsis, Ironie, Romantik unerläßlich für die Literatur sind, und fordert für den Schriftsteller die Freiheit, in ungebundener Phantastik nach neuen Aspekten des Lebens zu suchen. In seinen literaturkritischen

Schriften und Romanen macht er deutlich, daß Wirklichkeit immer auch in irrationalen Bezügen gesehen werden muß. Iwan Jefremow entwarf 1958 in dem Roman *Der Nebel der Andromeda* ein futuristisches Bild des Kosmos; Wladimir Woinowitsch, der heute in der Nähe von München lebt, veröffentlichte 1987 die Zukunftsvision *Moskau 2042*. Arkadi Strugazki hat Phantastik als die zeitgenössische Mythologie bezeichnet und meint, daß Aitmatows Roman *Ein Tag länger als das Leben*, in dem die Begegnung von Kosmonauten mit Bewohnern einer höherentwickelten Galaxie außerhalb des Milchstraßensystems beschrieben wird, das wichtigste Sujet der Phantastik behandelt: den Zusammenprall der Vergangenheit mit der Zukunft, die Konfrontation der Menschen des Gestern mit dem »Morgen«. Dieser Konflikt war auch das zentrale Thema Samjatins. Er sagt in dem Nekrolog für Anatole France, daß es zwei Antworten auf das Leben gibt, die europäische und die russische. Die russische kenne nur Extreme, entweder Liebe oder äußersten Haß, der vor nichts haltmacht. Mit der russischen Antwort habe sich Blok identifiziert. Die europäische dagegen seien Skepsis und Relativismus. Samjatin bemerkt dazu, daß es eine große Kraft der Seele erfordere, zwar ein Ungläubiger, Skeptiker, Relativist zu sein und dennoch das Leben zu lieben. Er sieht im Leben Untergang, aber auch ständige Erneuerung, die durch den Einzelnen, den Häretiker bewirkt wird. Daher bleibt in seinem Werk Hoffnung auf Veränderung, auf ein Morgen bestehen.

Gabriele Leech-Anspach

Russische Autoren

Maxim Gorki
Italienische Märchen
Band 9181

Nisametdin Achmetow
Die Straße der Freiheit
Prosa und Lyrik. Band 9277

Sergej M. Eisenstein
Yo. Ich selbst
Memoiren. 2 Bände: 4474 und 4475

Fasil Iskander
Tschik
Geschichten aus dem Kaukasus. Band 9190

Ilja Ilf und Jewgeni Petrow
Zwölf Stühle
Roman. Band 8204

Alexander Solschenizyn
Im ersten Kreis
Band 5873

Konstantin G. Paustowskij
Ferne Jahre
Erzählungen vom Leben. Band 5803

fi 1068/1

Andrej Sinjawskij
Abram Terz

Gute Nacht

Roman. 464 Seiten. Leinen

Indem Sinjawskij von den dunkelsten Jahren der sowjetischen Geschichte erzählt, von seiner kommunistischen atheistischen Erziehung, von seiner Liebe zu Majakowskij und den Futuristen, von seiner Freundschaft mit der offenherzigen Hélène, die später seine Manuskripte in den Westen brachte, versucht er zu erklären, wie und warum er zu Abram Terz, dem »Gauner«, Außenseiter, Oppositionellen, wurde; warum er sich allmählich – trotz seines alltäglichen Daseins als der »stille, sogar bescheidene und lanweilige« Mitarbeiter des Gorkij-Instituts für Weltliteratur (wie Sinjawskij sich selbst charakterisierte) – von der sowjetischen Gesellschaft zurückzog und den riskanten Beschluß faßte, im Westen unter dem Pseudonym Abram Terz zu publizieren. Dies alles wird in einer großen epischen Konstruktion entwickelt, die auf die chronologische Anordnung verzichtet und ihre Lebendigkeit aus dem assoziativen Rhythmus schöpft. Die Vieldeutigkeit und das Spielerische seines literarischen Stils, die Kraft seiner phantastischen Visionen, das Wirkliche noch wirklicher zu machen – ja, in dem Phantastischen die Wahrheit der Realität zu erfassen –, und der meisterliche Umgang mit dem Absurden und Grotesken machen Sinjawskij zu einem Erben der großen Dichter Rußlands, zu einem Nachfolger Gogols und Dostojewskijs.

S. Fischer

fi 731/1

Lew Kopelew

Im Willen zur Wahrheit

Analysen und Einsprüche

Mit einem Vorwort von Gerd Ruge

Fischer Taschenbuch Band 4328

»Jeder Mensch ist einzigartig und einmalig ... und die Erkenntnis seiner Einzigartigkeit als des wichtigsten Merkmals der Gattung Mensch ist einer der sichersten Maßstäbe für den wahren Fortschritt.« (aus dem Nachwort Lew Kopelews) Aus dieser Überzeugung spricht der Grundsatz der Humanität, der tiefen Würdigung des Individuums, dem sich Lew Kopelew in seinen theoretischen und literarischen Werken verpflichtet hat. Die Verteidigung der Rechte des einzelnen führt aber nicht zum isolierenden Individualismus. In diesem Band geht es ebenso um die kollektive Persönlichkeit eines Volkes, einer Ideengemeinschaft oder Nation: um die Aufdekkung und Rückverfolgung der historischen und gegenwärtigen Bestimmung des Menschen, seiner sozialen und nationalen Wirklichkeit. Kopelew hat aus Texten der vergangenen 10 Jahre diese Auswahl zusammengestellt – Zeitungsbeiträge, Briefe, Vorträge sowie Essays, die hier erstmals in deutscher Sprache erscheinen.

Fischer Taschenbuch Verlag

fi 730/1